T0147741

El Desierto de Curación

El Desierto de Curación

En las arenas del tiempo

Mona Hadeed

Traducción al español
Nicole Dieter

authorHOUSE®

AuthorHouse™
1663 Liberty Drive
Bloomington, IN 47403
www.authorhouse.com
Phone: 1-800-839-8640

© 2014 Mona Hadeed. Todos los derechos reservados.

Ninguna parte de este libro puede ser reproducida, almacenada en un sistema de recuperación, o transmitida por ningún medio sin el permiso escrito de la autora.

Publicado por AuthorHouse   09/24/2014

ISBN: 978-1-4969-2653-1 (sc)
ISBN: 978-1-4969-2652-4 (hc)
ISBN: 978-1-4969-2651-7 (e)

Numero de control del Biblioteca del Congreso: 2014912659

Cualquier persona representada en imágenes proporcionadas por Thinkstock son modelos y esas imágenes se utilizan únicamente con fines ilustrativos. Algunas imágenes tienen derechos © Thinkstock.

Este libro está impreso en papel libre de ácido.

Debido a la naturaleza dinámica de la Internet, cualquier dirección web o enlace contenido en este libro, pueden haber cambiado desde la publicación y pueden ya no ser válidos. Las opiniones expresadas en este libro, son de exclusiva responsabilidad de la autora y no necesariamente reflejan las opiniones o puntos de vista del editor o de la traductora, por lo que no son responsables de las opiniones de la autora.

A menos que se indique lo contrario, todas las citas son las escrituras de la Santa Biblia, English Standard Version® (ESV®). Copyright © 2001 por Crossway Bibles, una división de Good News Publishers. Usado con permiso. Todos los derechos reservados.

Contenido

Dedicatoria

Este libro se dedica al Año de la fe.

El Papa Benedicto XVI proclamó el año de la fe, comenzando el 11 de octubre de 2012 y concluyendo el 24 de Noviembre del 2013, el Banquete de Cristo el Rey.

El principio de este Año de la fe coincidió con dos grandes acontecimientos en la vida de la iglesia: El 50mo aniversario del Concilio Vaticano II y el 20mo aniversario de la publicación del Catecismo de la iglesia católica. Siendo así, encuentro correcto concluir mi autobiografía en el 2013, un año que contiene tanto significado en cuanto a mi fe católica.

Mientras contemplamos este significado, todos podemos identificar las muchas maneras en las cuales hemos viajado durante nuestras vidas, el camino de la fe y preguntarnos como es que hemos sobrevivido hasta ahora, sino es gracias a la presencia de Dios guiándonos y mostrándonos el camino.

Andamos por muchos caminos estrechos, oscuros y sinuosos: por suerte, si no fuera por la fe que ha sido transmitida a nosotros, hubiéramos podido ser absorbidos por los miedos y la ansiedad que nos abruman.

Yo espero que mi viaje brinde esperanza y valor a aquellos que sienten que dentro de la oscuridad no puede haber luz.

Como la Madre Teresa dijo una vez:

"Yo siempre digo
que soy un lápiz en las manos de Dios.
Él es el que piensa
Él es el que escribe
Él hace todo y a veces es difícil, porque es
Un lápiz roto y el le tiene que sacar un poco más de punta.

"Se un pequeño instrumento en tus manos para que Él te pueda usar
Cuando sea, en dondequiera
Nosotros, solo tenemos que decirle
"SI"

A Dios." [1]

Ahora, la fe es la garantía de las cosas esperadas y la convicción de las cosas que no han sido vistas. (Hebreos 11:1).

La fe es: Mantenerse firme en lo que uno espera, convencido de lo que uno no ha visto. La fe trae el futuro a el presente, de tal manera que ya no es simplemente un "aun no".

"Sabiendo como esperar y mientras tanto pacientemente perdurando pruebas y es necesario para que el creyente sea capas de recibir lo prometido" (Papa Benedicto XVI, Carta Encíclica: *Spe Salvi*–En esperanza de que fuéramos salvados)

Hebreos 10:36 dice, "Pues tienen la necesidad de perdurar, para hacer la voluntad de Dios y recibir lo prometido."

La fe es la garantía divina de que cuando levantemos nuestras penas, se convertirán en bendiciones.

---

[1] Madre Teresa, *The Joy in Loving: A Guide To Daily Living*, New York: Penguin, Compass 2000

En Agradecimiento

Me gustaría agradecerle a Dios, quien me ha salvado de los peligros de la muerte, por nueva vida y alegría dentro del espíritu, para amarle y servirle en este mundo y el siguiente.

Dentro de mi decisión de escribir este libro, me di cuenta que este año celebro mi cumpleaños numero sesenta, así como treinta años de estar libre de cáncer. ¡Qué adecuado es darle gloria a Dios por las cosas maravillosas que ha hecho por mi! **"Y María dijo, 'Mi alma magnifica al Señor y mi espíritu se regocija en Dios mi Salvador, pues Él ha considerado la bajeza de su siervo. Pues mirad, de ahora en adelante las futuras generaciones me llamarán bendecida; pues Él, quien es poderoso, ha hecho grandes cosas por mi y su nombre es sagrado."** (Lucas 1:46-49)

Mi gratitud por el regreso de mi vida y la restauración de mi buena salud me han dado la fuerza para seguir con mi viaje; nada fue demasiado o extremadamente difícil como para que mi Dios no pudiera manejarlo en mi nombre. Gracias, gracias, al viento bajo mis alas.

Prólogo

Muchos podemos decir que la vida nos ha tratado injustamente y estoy segura que cada uno tiene una historia que contar acerca de las alegrías, pruebas, dificultades y heridas en nuestras vidas. Lo que causa que alguien publique un libro acerca de su vida, o lo mantenga guardado dentro de si mismo, no puedo definir y solo el Señor lo sabe. Pero si un bolígrafo inspirado se pone ante papel, con mucha incertidumbre y miedo, *se convierte en una realidad.*

Mi trayecto con el Señor siempre ha sido uno de pruebas y juicios. Una fe y confianza completa en el Señor parecía sobrenatural e imposible. En un lapso de 30 años, diferentes incidentes le han dado forma a mi viaje espiritual, así finalmente trayéndome a mi lugar de descanso.

El padre Henri Nouwen, uno de mis escritores favoritos, dijo una vez: "Tu viaje espiritual es tan único como el mío. Tiene su propia belleza única y sus propios limites."[2]

Desconocido para mi, Dios me llamaba para aceptar muchas situaciones difíciles, que me llevarían a cuestionar todo lo que el me había enseñado, a lo largo de mi crecimiento espiritual.

Conforme leas más adelante en mi historia, te darás cuenta de que mi fe se volvió más fuerte y a través de cada situación difícil yo creí, presencié y proclamé que mi Dios nunca me falla.

Me transformé de creer a confiar.

Aprendí el significado de abandono y de la divina providencia y cómo el alma de cada uno puede lograr el mayor rango de santidad simplemente aceptando los sufrimientos que el Señor ha ordenado para uno.

Los años de mi crecimiento espiritual me llevaron a entender que mientras nos acercamos a Dios en nuestro viaje, el deseo de complacerle y amarlo con todo nuestro corazón sobrepasa a todo lo demás y nos reta a aceptar lo que se nos presente en la vida con amor y fortaleza. Como resultado de esto, estamos unidos en espíritu con Dios, a quien amamos.

"No debo fijar mi atención en cosas, personas, circunstancias o eventos. Esos son solo elementos temporales del drama en mi vida. En un cierto

---

[2]   Henri J.M. Nouwen, Here and Now: Living in the Spirit. New York: Crossroad Publishing Company, 1994

sentido, en realidad son ilusiones, no realidades, por lo cual son una base muy pobre para la fe. Solo Dios es mi 'constante', mi único perdurable, como la Biblia señala, todo lo demás es 'temporal'. [3]

En 1986, durante mi peregrinaje a Medjugorje, estaba luchando con la aceptación de la voluntad de Dios para mi vida espiritual. En la peregrinación, compartí mis miedos e incertidumbres con un Padre de la iglesia, quien sugirió que yo recitara la siguiente oración diariamente:

"Padre,
me abandono a mi mismo en tus manos;
haced de mi lo que quieras.
Lo que sea que hagas, te lo agradeceré;
Estoy lista para todo y lo acepto todo.

Que solo tu voluntad sea haga en mi,
Y en todas tus criaturas–
No deseo nada mas, Señor.

En tus manos encomiendo mi alma;
Te la ofrezco con todo el amor en mi corazón,
Pues yo te amo, Señor y por eso me ofrezco a mi misma.
Para rendirme en tus manos sin moderación,
Y con confianza eterna,
Pues tu eres mi Padre."[4]

Charles De Foucauld
The Desert Father

Descubriendo esta oración, me di cuenta que la felicidad se encuentra dentro de la aceptación diaria de la voluntad de Dios, mientras nos esmeramos para prevalecer con alegría todo lo que se presenta en nuestro camino. Repetí esta oración cada día hasta que alcancé una rendición completa de todas las dudas y ansiedades que presenciaba en mi viaje. *Tenia*

---

[3]   Glyn Evans, God's Perfect Plan for Us

[4]   Charles De Foucauld, Robert Ellsberg, *Charles De Foucauld: Writings.* Maryknoll, NY: Orbis Books, 1999

que confiar en él. Fue difícil y doloroso, pero la gracia de Dios me guió mientras entré más y más dentro de su voluntad para mi vida.

Comparto mi historia con ustedes para que así puedan entender que Dios nos permite experimentar nuestras pruebas para aumentar nuestra fuerza, sabiendo que Dios nos carga con sus pisadas en la arena.

"No es tarea fácil vivir con todas las penas que perduramos. Frecuentemente, somos obstaculizados por nuestro propio pasado, hasta que for fin llamamos el nombre de Jesús.

"Su amor es eterno y su paz prevalece. Si nos quedamos aquí en su nombre sentiremos la cura. Él nos escucha llorar nuestras lagrimas silenciosas y permanecemos tan cerca como el miedo lo permita.

"Incluso mientras sangramos mientras atendemos las heridas de otro, permanecemos sintiéndonos solos, huecos y usados, hasta que intentamos alcanzar lo que es verdadero."

Autor Desconocido

Reconocimientos

D iez leprosos fueron curados por nuestro Señor, pero solo uno regreso a darle las gracias. A el leproso que regreso a dar gracias, Jesús le dijo, **"Levantaos y ve por tu camino; tu fe te ha hecho bien" (Lucas 17:19)**

En la alegría de nuestra curación, tendemos a olvidar a aquellos que han sido claves en hacer nuestra curación posible. Me disculpo si he olvidado mencionar a alguien; le pido a Dios que los bendiga a ustedes y a sus familias.

A Rosemary Hadeed, con quien compartí el secreto de mi decisión de por fin dar el paso y publicar mi libro, ella me escuchó y me motivó. Que Dios te bendiga a ti y a tu familia y que te conceda todo lo que tu corazón pide.

Gracias, Hermana.

Me gustaría dar mi ms sincera gratitud a Anthony Hadeed, quien vino a rescatarme cada vez que mi computadora falló. Nunca hubiera podido acabar este libro tan rápido como lo hice si no fuera por sus consejos computacionales y su experiencia técnica. Siempre vino cuando lo llamé; le pido a Dios que lo recompense ampliamente y que 'la alegría del Señor sea su fortaleza.'

Gracias, Hermano.

A todos los que el Señor puso en mi camino a lo largo de los años, han creado una parte de mi historia de fe y resistencia. Sin ustedes, este libro no hubiera tenido las historias que posé. Sus "si" a la llamada le dieron existencia a las historias que tenía que contar, que sin que nosotros lo supiéramos, algún día iban a unirse para formar un libro. Dios los escogió a todos ustedes para compartir una parte de este viaje de fe conmigo. Un agradecimiento especial a mis amigos espirituales, quien yo se que me han llevado hasta el final con sus oraciones. Sus promesas de nombrarme frente a la presencia del Todopoderoso han dado frutos. Que Dios los recompense abundantemente y los proteja como Él lo hizo conmigo y con mi familia.

Gracias, Familia.

Finalmente, a Megan, mi editora local; fue una experiencia espiritual trabajar contigo y justo como con un niño pequeño, fue reconfortante verte florecer con la confianza necesaria para compartir tus talentos de edición conmigo. Gracias por motivarme a ser mas abierta con mis experiencias para que los lectores pudieran apreciar la verdad de mi historia. Tu me instaste cuando no estaba segura y yo te levante cuando estabas caída. Buena suerte con tu futuro.

Gracias, Megan.

Opinión

El Desierto de Curación: En las Arenas del Tiempo se enfoca en un viaje de fe. Surge de las experiencias escritas por Mona Hadeed en un simple diario y se extiende a lo largo de varios años. Ella escribió acerca de los eventos que aportaron a su fe en su vida, guiada por un presentimiento de que no siempre permanecerían privados, aunque ella no supiera cuando o como serian revelados.

Mona se detuvo muchas veces a lo largo de sus experiencias de vida para considerar a diferentes personas que pudieran ser las mas adecuadas para examinar su escritura y asistirle en formular un libro con ellas, pero dudaba, manteniendo la convección de que la persona tendría que ser desconocida para ella, para que así pudiera permanecer objetiva e imparcial.

Después de la muerte de su esposo y su peregrinaje que la motivo a enfocarse en la finalización de su diario, fue guiada una noche con gran urgencia a compartir su diario con un hermano en Cristo. Le pidió que lo leyera y que rezara por dirección, pues ella no sabia como proceder. Después de llevar a cabo esto, rezaron juntos y le dijo que él tenia un presentimiento que decía, "Este libro ha empezado."

Algunos días después, un editor desconocido dejo un volante en su buzón.

Como todas las decisiones espirituales, todo esto floreció con el resultado final que en este momento sostienes en tus manos. No es de extrañar que el génesis de este libro este forjado en fe, que es su tema principal. Las experiencias de vida que están relacionadas aquí son un testimonio de la paciencia que es necesaria con la, a veces lenta, evolución del plan de Dios.

En un mundo que rechaza el sufrimiento y exige las soluciones inmediatas, esta historia te invita a ver la presencia de Dios en épocas tanto de adversidad como celebración, si tan solo aceptamos todas las situaciones con confianza en el plan de un Padre que nos ama profunda e incondicionalmente.

Linda Aboud Stephen

Unas Palabras de la Editora

Fue verdaderamente una experiencia inspiradora conocer a Mona Hadeed. Ella posee una fe profunda que muchos de nosotros todavía intentamos cultivar para nosotros mismos. La fe ha tomado un nuevo significado para mi: Es la habilidad de ver mas allá de todo en el mundo físico.

A pesar de las pruebas que ella y su familia han enfrentado, Mona personifica un pilar de fe y esperanza. Valiente y bondadosa y poseedora de una gran tenacidad espiritual. Ha sido un gran privilegio trabajar con ella. *Desierto de Curación: En las Arenas del Tiempo* es un recordatorio para todos nosotros de que en realidad no podemos conseguir fe verdadera cuando todo es color de rosa.

Para el hombre, mujer o joven que están luchando: No importa que tan grande parezca el problema. Pueden desarrollar y fortalecer su fe, si se atreven a no perder su confianza en Dios. Yo soy testigo de que, en efecto, la fe *si* mueve montañas.

Un mensaje especial para Mona: de parte de cada lector que ha sido inspirado por tu trabajo, incluyéndome y los muchos que leerán tu poderoso mensaje, quiero darte mi mas sincero agradecimiento, por usar tu historia de vida para enseñarnos como hacer milagros en nuestras vidas.

Megan Wilson

El Mensaje del Desierto para los Lectores

He intentado en mis escritos, compartir mis sentimientos en poemas y rezo porque logren captar el mensaje entre líneas, convencidos que nuestro Dios nunca nos falla.

También rezo porque el mensaje llegue al fondo de su ser; lugar en el que está el corazón de Jesús.

He incluido diferentes rezos y extractos de otros libros y autores que me influenciaron al escribir. A través de los años, he recolectado numerosas piezas de lectura que me han inspirado y ayudado a comprender que no estoy sola en las pruebas y momentos de sufrimiento. También he incluido versos de la Versión estándar Revisada de la Biblia.

Deja ir y permite a Dios

Un autor espiritual escribió, "Miramos atrás para ir hacia delante."

Profesor Timothy George

"Después de esto regresaré y reconstruiré la casa de David, la cual ha caído; reconstruiré sus ruinas y la erigiré." (Actos 15:16)

Introducción

Conforme comparto mi camino de fe con el mundo, me doy cuenta de que Dios mismo me ha dado la vida que tengo para que mis experiencias ayuden a guiar a otros en su viaje. Durante mi viaje frecuentemente recuerdo *The Wounded Healer*, un libro escrito por Henri J.M Nouwen.[5]

Es solo cuando hemos sido heridos que entendemos el camino desierto de otro y podemos sacar fuerza del Cristo Crucificado.

La historia de la mariposa nos revela lo que podemos enfrentar, si no dejamos que Dios haga su voluntad.

---

[5] Henri J.M Nouwen, *The Wounded Healer: Ministry in Contemporary Society*. London, Longman & Todd, 1994.

Una Mariposa

Un hombre encontró el capullo de una mariposa que estaba por salir. Se sentó a observar a la mariposa durante horas, mientras esta luchaba por sacar su cuerpo por el diminuto hoyo. En algún punto, la mariposa se detuvo y dejó de avanzar. Parecía haber llegado lo más lejos posible y ya no podía seguir.

Entonces, el hombre decidió ayudar a la mariposa. Tomó unas tijeras y cortó lo poco que quedaba del capullo. La mariposa salió entonces con facilidad–pero tenía un cuerpo hinchado y unas diminutas y débiles alas.

El hombre continuó observando a la mariposa, esperando que, en cualquier momento, sus alas se expandieran para poder aguantar su cuerpo. Eso no sucedió. En efecto, la mariposa pasó el resto de su vida arrastrándose por ahí, con un cuerpo hinchado y unas alas pequeñas.

Nunca fue capaz de volar.

El hombre, en su benevolencia y precipitación, no entendía que el capullo limitante y la lucha necesaria para que la mariposa emergiera por el pequeño hoyo, eran la manera de la naturaleza de forzar el fluido del cuerpo de la mariposa hacia sus alas. Esto asegura que la mariposa pueda volar una vez que logra liberarse del capullo.

A veces, los retos son exactamente lo que necesitamos en nuestra vida. Si pudiéramos avanzar por nuestra vida sin obstáculos, la vida misma nos incapacitaría. No seríamos tan fuertes como lo pudiéramos haber sido.

No seríamos capaces de volar.

Pedí fuerza… y me dieron dificultades para hacerme fuerte.
Pedí sabiduría… y me dieron problemas para resolver.
Pedí prosperidad… y me dieron cerebro y fuerza para trabajar.
Pedí valentía… y me dieron peligros para superar.
Pedí amor… y me dieron personas que ayudar.
Pedí regalos… y me dieron oportunidades.

No recibí nada que quisiera… recibí todo lo que necesitaba.

Autor Desconocido

Por fin entendí que las adversidades y tribulaciones, penas y alegrías, son los catalizadores que nos acercan a Dios y a su hijo, Jesús, quien soportó sufrimiento en su vida por igual; pues Él ha sido mi maestro y a través de Él, aprendí a volar.

CAPÍTULO 1

El Despertar

Comienza el Camino de la Fe

UN PENSAMIENTO RECORDADO:1978

Mientras escribía este libro, mi memoria fue sacudida por el Espíritu Santo y me di cuenta de que estaba destinada a incluir esta historia introductoria. Sin saberlo ya había comenzado mi trayecto de fe profunda en Dios y fue el comienzo en el que pude presenciar su regalo de fe hacia mi. Así fue como mi fe fue curada y profundizada – a través de mi compromiso con la oración y escuchar la voz de su espíritu hablándole a mi corazón.

Cuando visité a mi hermana en el extranjero junto con mi hijo pequeño, me comencé a preocupar por un bulto que de repente apareció en mi cuello. Cuando visité a un médico, recomendó que me lo extirparan. Resultó ser toxoplasmosis, una infexión viral que puede ser contraída de gatos o perros.

No hubo peligro de muerte; sin embargo, pudo haber sido riesgoso para un bebé nonato, lo que me hizo cuestionarme si estaba embarazada o no. Para mi conocimiento, en ese entonces, no lo estaba. Conforme pasó el tiempo, después de regresar a casa me enteré que, en efecto, estaba embarazada. Mi médico se preocupó y me indicó realizarme más análisis de sangre, lo que revelaría si era una infección viral activa o no. Los resultados mostraron que era una infección activa, lo que significaba que la había contraído recientemente.

Me dijeron que la única opción era tener un aborto ya que había riesgo de que el feto no se desarrollara correctamente en el vientre. Los médicos asumieron que yo estaría de acuerdo. Para su sorpresa y asombro yo no estaba a favor de su opinión. Aunque entonces no estaba tan profundamente devota a mi fe como lo estoy hoy, algo dentro de mi descartaba la idea y nunca podría dar mi consentimiento a una decisión como esa. Los médicos estaban asombrados e intentaron convencerme una vez más, ya que no podían imaginar que yo estaba dispuesta a arriesgarme a tener un hijo anormal. En ese entonces, en los setentas, ni siquiera teníamos el equipo médico que hoy en día los médicos usan para ayudar a las mujeres a tomar decisiones difíciles en un embarazo.

Mi esposo Aziz y yo adorábamos a los niños y estábamos felices de haber recibido este regalo. Era imposible para mi imaginar un aborto y empecé mi oración:

"Dios, si hay algo mal con mi bebé, déjame abortar de forma natural."

Cuando estaba en el proceso de escribir este libro, el Señor me recordó ese momento en mi vida y mientras reflexioné, la imagen completa se formó. El Señor había comenzado la preparación en la vida de mi viaje de fe y 35 años después, veo como su plan de desarrolló.

¡Qué poderoso el Dios al que servimos!

A lo largo de los primeros meses de mi embarazo, mi médico familiar y otros médicos intentaron hacerme reconsiderar; intentaron hacerme ver lo que podía pasarle al bebé. Yo permanecí firme en mi decisión y pensamientos. Durante los nueve meses de un embarazo al cual los médicos temían, mi oración permaneció igual.

Cada vez que visitaba al médico, el no podía comprender como estaba tan calmada. ¡Yo no sabía que Dios había comenzado a fortalecer mi fe y que yo solo era un instrumento en su mano! Yo solo tenía que responder –*y así lo hice.*

El momento del nacimiento de mi bebé llegó. Después de horas de trabajo de parto, me tuvieron que hacer una cesárea y no pude dar a luz de manera natural.

Cuando desperté después de la cirugía, mi hermosa bebé fue colocada en mis brazos y la abrasé, admirando nuestro hermoso regalo. Era la bebé más perfecta y era hermosa. El médico me volteó a ver y lo único que pudo decir fue, "Por nueve meses, me has hecho temblar de miedo y preocupación."

Dios había mostrado su poder y su gloria y mi fe y confianza en el Desierto de Curación de nueve meses había probado **que "si tienes fe como una pequeña semilla de mostaza, le puedes decir a esta montaña, 'Muévete de aquí hacia allá' y se moverá. Nada será imposible para ti."** (Matthew 17:20)

Había comenzado mi primera experiencia en la fe y confianza en el Señor. Hoy, mi hija es tan bella como cuando nació; está casada y tiene dos hijos. Es una maestra para niños con necesidades especiales. Tiene un corazón de oro y es una persona bondadosa e increíble.

Si le hubiera hecho caso a los médicos, me hubieran robado a un alma que Dios había creado para amarlo y servirle.

Le doy gracias a Dios, por darme gracia y fortaleza en los días donde solo tenía poca fe. Me gustaría parafrasear al difunto Papa Juan Pablo II, quien frecuentemente motivó a personas jóvenes a darse cuenta que cada uno tenía un propósito en esta vida: "Descubrir la voluntad de Dios en cuanto a tu vida es un reto fascinante que requiere confianza. Todos tienen una vocación, porque Dios tiene planeado una tarea para todos. La verdadera felicidad se encuentra en entregarnos nosotros mismos al Señor. Nuestros sueños más profundos son señales de la voluntad de Dios para nosotros. Dios es el que ha puesto esas aspiraciones en nuestros corazones y mientras rezamos, Dios se revela y nos guía a través de nuestro propósito y verdad."

MAYO 1983

Donde Todo Comenzó

Mi viaje espiritual con el Señor comenzó hace treinta años, cuando fui diagnosticada con la Enfermedad de Hodgkin – un tipo de cáncer.

Hoy, al recordar ese viaje, viene a mi mente la historia del Profeta Jonah en el estómago de la ballena. Como profeta, Jonah fue llamado por Dios para entregar su mensaje a la ciudad de Nineveh. Sin embargo, Jonah era renuente y erróneamente pensó que podía escaparse de Dios. Como resultado de esto, fue forzado a reconocer el poder de Dios cuando se lo tragó una ballena y permaneció en el estómago de esta por tres días. Jonah se arrepintió, le dio las gracias a Dios por su vida e hizo lo que Dios le pedía. Justo como Jonah yo había sido elegida para presenciar y proclamar el poder de Dios para Su gloria y Él iba a prepararme para ser un pilar de fe, comenzando con la aterrorizante situación que era lidiar con esta enfermedad.

Los primeros tres meses en los cuales enfrenté esta enfermedad le dieron forma a mi vida con el Señor, lo cual cambió los valores y el significado que yo le daba a la vida. A los treinta años yo estaba en mi mejor momento. Tenía tres hermosos hijos, entre las edades de cuatro y nueve años. Estaba físicamente en forma y era un miembro activo de el comité de recaudación de fondos en la escuela de mis hijos, así como de mi club cultural.

Estaba bastante feliz; pensaba que la vida no podía estar mejor. La espiritualidad era un concepto lejano a mi mente. Como muchas personas, diría que yo era una "Católica de Domingo", asistiendo a misa cuando podía, pero nunca haciendo un verdadero esfuerzo para ir. Pensaba que estaba educando a mis hijos para ser buenos y a seguir las reglas – pero las reglas de quien, no sabía.

Todo comenzó con la hinchazón debajo de mi axila derecha, acompañado con una reacción alérgica severa, que empezó a empeorar y a volverse intolerable. Después de tomar medicina bajo la supervisión de mi médico por una semana, aún no había ningún tipo de mejoría, entonces decidió drenar el bulto que yacía bajo mi brazo.

Me hospitalizaron para el procedimiento, pero lo que parecía un bulto resultó no serlo, por lo cual tomaron muestras de tejido para ser examinadas. Los resultados fueron lejanos a lo que esperaba oír. Me visitó un médico de la familia, quien poco a poco me dio la noticia: La biopsia confirmó que tenía la Enfermedad de Hodgkin. Esa era la primera vez que oía hablar de esta condición, por lo cual pacientemente me explicó todo. Mi esposo y yo decidimos viajar a los Estados Unidos de América para obtener una segunda opinión.

Comencé un viaje médico incierto, con gran duda y trepidación. Me internaron en un hospital, donde los médicos comenzaron una serie de pruebas para averiguar a que me estaba enfrentando realmente. A la mitad de mis pruebas, me dijeron que tenía Enfermedad de Hodgkin de tercera etapa y un tumor del tamaño de mi puño en el estomago. La realidad se impuso.

Habiendo hecho todos los estudios de rutina, un trasplante de medula ósea, escaneos, rayos-x y todos los procedimientos involucrados con la rutina médica del diagnóstico, mi enfermedad fue confirmada. Los médicos entonces comenzaron a discutir una serie de tratamientos conmigo.

Después de eso tuve que decidir si daría mi consentimiento para una terapia de prueba de solo radiación, o radiación compuesta con quimioterapia. Era una decisión que solo yo podía tomar; mi nombre sería puesto dentro de una máquina para obtener una respuesta.

Para ese punto, me dije a mi misma, "¿Cómo podrías *no* considerar este experimento?" Estaba enfrentando a la muerte y no podía aceptar la idea que esta enfermedad fuera a privar a mis hijos de su madre. ¿Quién estaría ahí para ellos cuando necesitaran el cariño y apoyo de una madre? ¡Oh, como dolía! Sentía que mi corazón estaba siendo arrancado.

Así que, por supuesto, estuve de acuerdo con el experimento. Algunos días después regresé al hospital para comenzar el tratamiento.

De vuelta en casa en Trinidad, mis amigos y familiares participaron en oraciones incesantes y visitaron muchas iglesias, pidiéndole a Dios que perdonara mi vida. Alguien me retó a rezar por un milagro, algo muy desconocido a mi vida de oración.

Recuerdo haber salido del hospital con mi esposo Aziz a mi lado y por primera vez en mi ocupada vida, noté los arboles, el cielo y la magnífica naturaleza que me rodeaba. Tal vez, sólo tal vez, podría absorber todo y las lágrimas crecieron dentro de mi mientras veía mi mundo destrozándose frente a mis ojos. Volteé hacia el cielo y comprendí lo que era que el Señor caminara a mi lado. Todavía recuerdo la imagen claramente. Jesús estaba sobre mi en una imagen, con brazos abiertos, dando cada paso conmigo. En ese entonces no lo sabía, pero Él me estaba confirmando de su presencia, que siempre había estado conmigo.

Todo ese fin de semana resé, "Señor, cuando regresé al hospital que los médicos digan que cometieron un error y que mi tumor ya no está ahí". La simplicidad de mi petición me recordó a una escritura bíblica, **"Verdaderamente, te digo, a menos que cambies a la inocencia de un**

niño, nunca entrarás al reino del paraíso" (Mateo 18:3). Resé por un milagro, pidiéndole a Dios que cambiara las cosas por mi.

Yo no sabía que Dios estaba a punto de revelar su poder y mi vida pronto le pertenecería solo a Él – para ser formada, nutrida y enriquecida con la fe necesaria para responder al llamado que Él había hecho para mi.

Era martes cuando regresé al hospital para comenzar mi tratamiento. Había un gran peso en mi corazón. El médico me saludó mientras entraba a su oficina. Parecía algo apologético y no podía dejar de notar su alegría. ¿Me atrevo a pensar lo que cruzó mi mente en ese momento?

"Sra. Hadeed, Sra. Hadeed," dijo "Tengo buenas noticias para usted." Después de eso apuntó a las fotografías de los escaneos que le habían realizado a mi estómago días antes.

"Mire" continuó, "lo que pensé que era un tumor del tamaño de su puño en su estómago es en realidad un grupo de burbujas de aire en su intestino." ¡Qué diferencia a lo que me habían dicho días antes! Omití sus explicaciones, porque sin duda, Dios había contestado mis plegarias y aquellas de mis amigos y familia.

Acababa de experimentar el primer milagro de mi vida.

Sin embargo, aún no estaba por terminar. Tenía que continuar con mis exámenes médicos y mi bazo tenía que ser removido. Recibí seis semanas de radiación. Fue esta experiencia la que dio comienzo a mi relación con el Señor.

La Biblia dice, **"Desde Él y a través de Él y para Él son todas las cosas. Sea para Él toda la gloria. Amen" (Romanos 11:36).**

Me sometí a cirugía y tuve que lidiar con mucho sufrimiento y dolor, que solo fue intensificado cuando comencé mis seis semanas de radiación. Todo el apoyo vino de parte de mis amigos y familiares. Fue un tiempo en el cual me di cuenta de cuanto me quieren las personas en mi vida. Todos se reunieron a mi alrededor para ayudarme a superar esta etapa de la enfermedad, sin saber como iba a acabar. Mis hermanas y hermanos se juntaron para ayudar con mis hijos en casa, intentando reemplazar el eslabón perdido de ambos padres para asegurarse de que mis hijos estuvieran bien cuidados. Sus palabras de consuelo me ayudaron también a mi. Mi madre pasó algún tiempo conmigo mientras pase por mi cirugía y recuperación. Estaba muy agradecida de tenerlos a todos.

Cada día, Aziz me llevaba al hospital a recibir mi tratamiento de radiación. Dios sabe lo agradecida que estaba de tenerlo a mi lado.

Recuerdo esos días como si fueran ayer, acostada en la parte de atrás del coche, enferma del estómago y mareada por el tratamiento, agarrada de mi almohada para estar cómoda, atormentada por todos los pensamientos que cruzaban mi mente.

Más adelante en mi tratamiento, el pelo en la parte de atrás de mi cabeza comenzó a caerse por la radiación. Gracias a Dios por las pequeñas misericordias, pero aún así fue una experiencia humillante caminar por ahí con solo media cabeza con pelo. Muy seguido estamos concentrados en la belleza exterior, pero Dios me estaba mostrando que es el corazón de la persona lo que importa. Tenía que levantar la mirada de mi exterior para enfocarme en mi alma interior.

En diferentes momentos de este viaje, hubo personas que entraron en mi vida y yo los llamo ángeles. Afortunadamente fueron mandadas por Dios para ayudarme en el camino. Un ángel de esos fue un pilar extremadamente fuerte y una fuerza que fue mi guía, sin siquiera saberlo ella. Siempre estuvo presente para ayudarme de cualquier manera y facilitaba estar lejos de mis hermanos. Fue hasta el extremo para hacer que nuestra estancia en los Estados Unidos de América fuera cómoda mientras pasaba por mi tratamiento. No nos damos cuenta de que cuando extendemos nuestras manos y nos superamos a nosotros mismos, podemos curar muchas heridas. Me dio una tarjeta con palabras que se volvieron mi salvación en ese tiempo. Decía:

Prométete a Ti Mismo

"Prométete ser tan fuerte que nada puede molestar tu paz mental.
Hablar de salud, felicidad y prosperidad con cada persona que conozcas.
Hacer que todos tus amigos sientan un valor en si mismos.
Ver el lado bueno de todo y hacer tu optimismo realidad.
Pensar solo en lo mejor, trabajar por lo mejor y aceptar solo lo mejor.
Ser tan entusiasta por el trabajo de los demás como lo eres por el tuyo.
Olvidar los errores del pasado y ver hacia el futuro.
Ser alegre y brindar una sonrisa a todos los seres vivos que encuentres.
Dar tanto tiempo a mejorarte que no hay tiempo de criticar a los demás.

Ser demasiado grande para la preocupación, demasiado noble para la ira, demasiado fuerte para el miedo y demasiado feliz para la presencia de problemas." [6]

Christian D. Larson

Me acuerdo de un día, en el que me sentí tan enferma y cansada que me pregunté si podía seguir. Acababa de recibir una llamada de un buen amigo, quien me motivó a llamar al nombre del Señor. Me habían dado una Biblia recientemente y estaba sentada en mi buró; la recogí y le dije al Señor, "Háblame".

Mientras abría la Biblia, me topé con la siguiente escritura: **"Cuéntenlo en alegría, mis hermanos, cuando se enfrenten a varias pruebas" (James 1:2).**

Obtuve una increíble cantidad de consuelo de este pasaje y obtuve la gracia para resistir.

El sufrimiento cobró un nuevo significado y ahora entendía la pasión de Jesús al Sufrir con Él y para Él.

Santa Teresa de Lisieux una vez dijo de Jesús:

"Te aseguro que le cuesta mucho a Él llenarnos de amargura, pero Él sabe que es la única manera de prepararnos para conocerlo a Él como se conoce a sí mismo y para convertirnos en nuestra propia divinidad!" [7]

Finalmente, las seis semanas de mi tratamiento terminaron y pude regresar a casa a Trinidad con mis hijos, familiares y amigos. Mi bienvenida fue extravagante y a todo cuanto conocí, saludé con el amor de Jesús, porque esto era el verdadero significado de la vida y la hermandad.

Mi enfermedad me había enseñado la verdad sobre amar con el corazón de Jesús.

Mi fe y confianza habían crecido en saltos sin fronteras y mientras comenzaba este nuevo capitulo en mi vida, la manera en la que vivía antes estaba en el pasado. Le entregué mi vida al Señor por completo.

---

[6]   Christian D. Larson, *Your Forces and how to Use Them.* 1st ed. Chicago: The Progress Co. 1912.

[7]   John Beevers, *The Autobiography of St. Therese*: The Story of a Soul. New York: First Image Books Doubleday, 1987.

CAPÍTULO 2

Trabajando en Su Viñedo

Formación del Grupo de Oración

En mi ausencia, hubo un grupo de amigos y familiares que decidieron unirse a rezar por mi. Mi prueba de fidelidad y compromiso con el Señor, de cumplir esta promesa hasta que estuviera listo para probarme en una nueva dirección, apenas había empezado. Juntos, escogimos el nombre "Grupo de la Sagrada Familia" y todos los domingos por la mañana nos reuníamos para dar gracias, para alabar y para hacerle reputación a Dios. Durante este tiempo, muchas personas cruzaron nuestro camino para ayudarnos a crecer espiritualmente, mientras buscábamos al Señor en una nueva manera. Nuestros números crecieron, a veces hasta sesenta personas y la relación que compartíamos, rezando juntos, era una muestra de cómo podía ser el cielo.

Éramos uno mismo en espíritu, compartiendo nuestras alegrías y cargas, llorando y riendo juntos. Presenciamos muchos milagros entre nosotros y el Señor movió nuestras vidas de maneras poderosas. Algunos de nosotros estábamos abiertos a sus susurros y otros eran más tímidos.

Hicimos amistades duraderas y estábamos constantemente conociendo a nuevas personas, mientras cumplíamos nuestra promesa de juntarnos a rezar todos los lunes. Todavía no sabíamos lo que nos esperaba.

Un Llamado Dentro del Llamado

SEPTIEMBRE 7, 1991, 11:45 PM

Una noche mientras rezaba, estas palabras proféticas vinieron a mi:

"Mi hija, te he llamado a una vocación especial, una que muchos no entenderían, pero en lo profundo de tu corazón, tu sola te has dado cuenta de que te he dado las herramientas.

"La tarea es difícil, pero puedes superar las tormentas."

"Quédate cerca de mi corazón sagrado, pues vas a sentir incertidumbre, pero mantente fuerte pues la victoria será mía.

"Ponte la armadura, para que no sientas el granizo que caerá sobre ti, pero vístete con mi armadura y estarás protegida.

"Habla la verdad siempre y no te alejes de lo que espero de ti, pues a quien se le otorga mucho, se le espera mucho."

Profunda Amistad Espiritual

Nuestro grupo de oración continuó y me acerqué más y más a uno de mis amigos de la infancia, quien era el líder del ministerio musical de nuestro grupo. Entonces, un día, recibí una llamada informándome que había estado en un trágico accidente y probablemente no sobreviviría. Corrí al hospital, donde me encontré con sus familiares, quienes estaban como en un sueño. Acababa de fallecer. No llegué a tiempo para verla. Su vida de 37 años se había desvanecido como en el viento.

Fue el comienzo de un nuevo capítulo en mi vida espiritual. Nuestra amistad se había profundizado con el amor del Señor. Ella fue una de las fundadoras del grupo, quien había pedido por mi rehabilitación. De niñas, éramos vecinas y desde entonces, habíamos compartido esa relación.

No sabíamos que Dios nos volvería a unir, en un sentido más profundo. Ella se convirtió en el ministro de música y juntas dábamos liderazgo, al igual que buscábamos al Señor.

Este profundo dolor de su muerte le dio base a una nueva amistad espiritual con alguien a quien el Señor había puesto en mi camino, durante los nueve días de rezo que tuvimos por ella. Mi corazón dolía con la pérdida de su vida.

De la Muerte a la Nueva Vida

Durante una le las noches de oración, me solté llorando con mucho dolor y la mano que se extendió a consolarme fue como el mismo cielo.

Desde ese momento supe que Dios había planeado esta nueva amistad y la había bendecido.

Recuerdo haber sentido que las paredes se rompían y se caían a mi alrededor. Ya no podía esconder esos sentimientos. Me había vuelto débil y vulnerable. La persona fuerte que conocía ya no existía. Recuerdo haber tenido que lidiar con decisiones en esa amistad, que requerían fe y a veces me llevaban mas allá de lo que podía comprender.

Aquí nació el maravilloso trabajo del llamado de Dios:
Obedecer a Dios y no al hombre.

Todas mis pruebas espirituales y físicas me han enseñado mucho en cuanto a la humildad, compasión y entendimiento.

Mas que nada, la revelación de lo que realmente significaba **"venerar al Padre en verdad y espíritu" (John 4:23).**

Como con cada dolor y lucha que nos encontramos en nuestra vida diaria, tenemos que encontrar una manera de seguir adelante. Conocer a Dios y estar unidos con su espíritu, nos da el valor de seguir hacia delante.

El Nuevo Llamado Revelado

Nos damos cuenta que no dependemos de la fuerza humana, sino del poder del Señor, quien puede mover montañas. Continué sirviéndole a las personas de Dios y siendo líder de nuestro grupo de rezo, aunque parte de mi se fue con la pérdida de mi mejor amiga. Me vi a mi misma sumergiéndome cada vez más en oraciones, buscando la orientación de Dios, su visión para nuestro grupo y su voluntad para mi vida.

A las 5 a.m. el 4 de Febrero de 1992, estas palabras vinieron a mi:

"Siempre debes saber esto, tu eres llamada más allá del entendimiento humano, pues mis ángeles van ante ti y el trabajo que debes hacer, que nadie más puede hacer. Confía en mi explícitamente, pues voy antes que tu, solo deja que el camino se revele ante ti.

"No le temas a las palabras del hombre, pues no pueden herirte ni a ti ni a tus seguidores. Le he otorgado la corona de la salvación a todos, que nadie les puede quitar.
"Sigue lo que tu corazón indica y confía en que te hablo a través de tu corazón. Mantén tu cara apuntada hacia mi y con seguridad triunfarás.

"Conduce a las personas que mande hacia ti, pues las he escogido para que viajen junto a ti.

"Simplemente enderézate. Tu ángel reza por ti."

Creciendo en espíritu y descubrir a Jesús abrió nuevas dimensiones en mi vida, tanto como en mis problemas familiares como en mi grupo de oración.

Dios nos seguía llamando a una unidad mayor con Él y su misión para nosotros se volvía cada vez más clara. Nuestro grupo fue llamado para convertirse en un grupo eucarístico.

Claramente, el Señor estaba diciendo que para estos tiempos, era importante que adoráramos su presencia. Sería un lugar donde recibiríamos fuerza, sanación, sabiduría y visión para las pruebas recurrentes.

Nos enfocamos en construir una capilla eucarística en el terreno de la iglesia, donde las personas podrían venir en cualquier momento a sentarse ante la presencia del Señor y ser reconfortados y consolados, al mismo tiempo reparando y adorando a Jesús como Rey y Señor.

Esta misión me llevaría más adentro en las heridas de Jesús, pues tenía que superar muchos malentendidos y pesares. Incluso perdí amistades y me separé de muchos que no entendían el llamado de Dios hacia nuestro grupo.

Esta oración comencé a decirla a diario en ese entonces, basándome en los Colosenses 1:9-14:

> *"Le pido a Dios a través de sabiduría perfecta y entendimiento, me permita alcanzar el máximo conocimiento de su voluntad. Para que pueda llevar la clase de vida que espera que lleve. Una vida aceptable para Él en todos sus aspectos; mostrando los resultados en todas las buenas acciones que hago. Tendré en mi la fuerza basada en su glorioso poder, de nunca rendirme y de aceptar todo con alegría, pensando que el Padre es el que ha hecho posible que me una a los santos y con ellos heredar luz. Porque esto es lo que Él ha hecho, Él nos ha sacado del poder de la oscuridad y ha creado un lugar para nosotros en el reino del hijo que Él ama y en Él ganamos libertad y el perdón de nuestros pecados."*

Conforme pasaba el tiempo, continuábamos rezando por orientación y esperábamos a que el Señor nos moviera en la dirección de su corazón Eucarístico.

Capítulo 3

Viajando hacia el Desierto

FEBRERO 1993

El Punto de Inflexión

El punto de inflexión en mi vida vino cuando Aziz fue diagnosticado con cáncer en su riñón izquierdo y una variante de leucemia de células pilosas. Lidiar con esas noticias, saber que iba a tener que ayudar a que Aziz pudiera lidiar con eso el mismo y sabiendo lo que yacía en el futuro era definitivamente un tiempo de prueba. Cambios en todos los aspectos tenían que ser considerados y con esto, surgieron nuevos miedos.

Me sentía como si estuviera caminando por un bosque con muchos árboles altos y fuertes, de los cuales todos parecían cerrarse sobre mi y bloquear el camino frente a mi persona, escondiendo la luz al final del camino.

Un camino que yo reconocía como la ruta segura ahora había desaparecido. Ahora, la incertidumbre llegaba a mi y me preguntaba "¿por donde debo ir?"

Sin embargo, muy dentro de mi, veía un camino claramente frente a mi. ¿Sería capaz de superar las piedras que me hacían tropezar? Mi percepción del camino frente a mi era diferente a como otros lo veían. ¿Podría Dios iluminar ese camino oscuro? ¿Sería yo lo suficientemente valiente y fuerte?

El mundo estaba diciendo una cosa, gritando opciones, ayuda y consejos y sin embargo, la mente de Dios parecía estar en otro lado. Me preguntaba, ¿puede verlo el mundo, o tengo que soportarlo en silencio? Seguramente, la vida es algo más que la conglomeración de todo lo que nos rodea; quien entendería lo que es la verdadera paz espiritual?

¿Es la incertidumbre en mi corazón el miedo a las voces, o el miedo a dejar ir todo lo que considero bueno en las formas del Señor? Con su tacto divino, ilumina el camino y con cada paso que damos, el siguiente se vuelve aun más claro.

Se nos da la fuerza para seguir adelante, sabiendo que estamos rasgados por las zarzas que parten nuestra piel. La dulce y amorosa pomada de Dios cura nuestras heridas.

Me aventuré a través de ese largo y oscuro camino, pero muy dentro de mi, había una luz que brillaba con fuerza, una luz que me mostraba el camino aunque otros viajeros no lo vieran; pues tan segura como era mi visión, también era el camino que el ojo físico no podía ver.

Que Dios me proteja del dolor y las voces del mundo, rezaba. Sabía que el amor de Dios por mi podía superar todo.

¿Qué pasó con todos los ministerios de los que formaba parte? Estaba tan segura que Dios no me estaba llamando para dejarlos todos. Y sin embargo, Aziz necesitaba que estuviera a su lado. Necesitaba estar disponible para él en todo momento, muriendo ante mi misma y haciendo cosas que preferiría no hacer. Como nuestro Señor le dijo a San Patricio, **"Verdaderamente te digo, cuando eras joven, te ceñiste a ti mismo y caminaste por doquier, pero cuando viejo, estirarás tus manos y algún otro te ceñirá y te llevará a donde no quieras ir" (Juan 21:18).**

"¿Qué es lo que Dios realmente quiere para mi?", me preguntaba a mi misma. Sabía la respuesta, ¿pero por qué era tan difícil someterme a su voluntad? ¿Qué pasaba con el estado del mundo y el mensaje de arrepentimiento? ¿Cómo podía lograr que Aziz entendiera los cambios que él, también, tenía que hacer? Muchas veces creemos que somos los salvadores del mundo y sin embargo, todo lo que se nos encomienda es rezar y rendirnos ante Dios.

Los meses en Estados Unidos de América, lejos de casa, enfrentado todos sus exámenes médicos, cirugías y recuperación, fueron meses muy espirituales para mi. La Gracia nos llegaba de las muchas oraciones y misas que estaban siendo dedicadas a Aziz y a mi por amigos, familiares y el grupo de oración. Durante este periodo de pruebas, fuimos testigos de una intervención divina. Mientras rezaba a través de todo, lo que era mortal dio un giro inesperado.

Los médicos estaban atónitos. ¡Oh la Gloria del Señor!

Tuve muchos momentos de soledad, con nada que hacer mas que rezar y meditar, ayudando a Aziz a pasar por su sufrimiento y enfermedad y sin recibir reconocimiento. Durante su enfermedad, resé Salmo 86:7, **"No hay Dios que comparar contigo, ningún logro que comparar con los tuyos."** Salmo 86:10 dice **"Solo tu eres magnánimo y haces milagros, tu Dios, solo."**

Me di cuenta más que nunca mi fe y esperanza que habían crecido más a través de los años, me habían preparado para este momento de duda y angustia.

Romanos 15:10 dice "Que el Dios de la esperanza te llene con toda la alegría y esperanza de creer, para que por el poder del Espíritu Santo, puedas abundar en esperanza."

Incapaz de ir a una iglesia, tenía un anhelo de recibir a Jesús y sentarme junto a Él en el bendito sacramento. Esto era la recopilación de la angustia de los cambios por venir.

Tenía muchos momentos en los que me sentía olvidada y hecha a un lado, sin tener en cuenta mis emociones y dolores. La autocompasión se apoderó de mi.

Era un momento apropiado para unificarme con Dios en la cruz.

Coincidentemente, todo comenzó en el primer día de la Cuaresma en la Iglesia Católica. Empecé a experimentar el calvario de Jesús.

Ser ridiculizado, desnudado, azotado.

El viaje de su pasión y muerte.

Y ahora espero su resurrección, como día con día, veo su brillar gloria.

En ese entonces, también comencé una consagración de 33 días para Jesús a través de María por St. Louis de Montfort. Puedo decir que experimenté treinta y tres días de mortificación.

MARZO, 1993

Los Comienzos

Me sentía como si estuviera caminando por un bosque con muchos árboles altos y fuertes, de los cuales todos parecían cerrarse sobre mi y bloquear el camino frente a mi persona, escondiendo la luz al final del camino.

Un camino que yo reconocía como la ruta segura ahora había desaparecido. Ahora, la incertidumbre llegaba a mi y me preguntaba "¿por donde debo ir?"

Sin embargo, muy dentro de mi, veía un camino claramente frente a mi.

¿Sería capaz de superar las piedras que me hacían tropezar?

Mi percepción del camino frente a mi era diferente a como otros lo veían.

¿Podría Dios iluminar ese camino oscuro?

¿Sería yo lo suficientemente valiente y fuerte?

El mundo estaba diciendo solamente muchas cosas, gritando opciones, ayuda y consejos.

Pero la mente de Dios parecía estar en otro lado.

¿Puede verlo el mundo, o tengo que soportarlo en silencio?

¿Es la incertidumbre en mi corazón el miedo a las voces?

¿Acaso es el miedo a dejar ir todo lo que considero bueno en el camino del Señor?

Seguramente la vida es algo mas que lo amontonado que nos rodea.

¿Quién entendería lo que es la verdadera paz espiritual?

Viviendo en la presencia del amor de Todopoderoso que camina a tu lado, mientras viajas por el bosque del **Desierto de Curación: En las Arenas del Tiempo.**

Con su tacto divino, ilumina el camino, haciendo que cada paso se vuelva cada vez más claro.

Nos da la fortaleza de seguir creciendo aunque seamos heridos y marcados, el bálsamo dulce de Dios cura nuestras heridas.

Me aventuro por ese largo y oscuro camino, pero hay una luz dentro de mi que brilla fuertemente, una luz que me va a mostrar el camino, aunque otros viajeros no la vean.

Pues tan segura como es mi visión, también es el destino que aún no pueden ver los ojos humanos.

Que Dios me proteja de las voces y el dolor; pues esto, por seguro, todo es superado por el amor de Dios.

Mona

ORACIÓN

Mi Señor, Dios, no tengo idea a donde voy. No veo el camino frente a mi. No puedo estar segura de donde va a terminar.

Tampoco me conozco a mi misma y el hecho de que piense que sigo tu voluntad no significa que en efecto lo hago.

Pero confío en que el deseo de complacerte enserio te complace y espero tener ese deseo en todo lo que hago.

Espero nunca hacer nada apartándome de ese deseo y se que si hago eso, tu me guiarás por el camino indicado.

Aunque parezca estar perdida en la sombra de la muerte, no voy a temer, pues siempre estas conmigo y nunca me dejarás enfrentar mis penas sola. [8]

Thomas Merton

La Semilla de Mostaza

"La Semilla de mostaza…es la más pequeña
De todas las semillas,
Pero cuando ha crecido,
Tiene el más grande de los arbustos,
Y se convierte en árbol
Para que los pájaros en el aire vengan y hagan nido en sus ramas"

"Si tienes fe cuando eres un grano de mostaza…
nada te será imposible."

Mateo 13:31-32, 17:20

---

[8] Thomas Merton, I Have seen What I was Looking For. Hyde Park: New City Press, 2005.

ABRIL 2, 1993

La Ventisca

Desde lo profundo te grito, Señor - sola, acongojada, solitaria y olvidada.
Llena cada fibra de mi cuerpo; satisface cada una de mis necesidades, pues
solo el aliento de tu espíritu puede satisfacerlas.
¿Dónde, Dios, estas mientras me aferro a tus promesas?
Otra vez Señor, me pruebas y me rindo a tu formación
Veo tu mano formándome
Pero oh, ¡que dolor a soportar!
Desarraigada, aventada por ahí, tirada y descartada.
Señor, ¿quién puede saber lo que he soportado? Solo tu puedes ver
Y todo por ti lo soporté, sabiendo que tu no me olvidarías, justo como tu
Padre no te olvidó a ti en el jardín de Getsemaní. Pues yo se que
Cada Getsemaní es tu jardín.

Mona

Rezo en Tiempos de Sufrimiento

Jesús, a veces mi dolor me consume tanto que siento que no tengo mucho
que ofrecerle a el Señor, excepto mi sufrimiento.
Se que estás conmigo en esto, pues tu también conociste dolor, soledad y
el sentimiento de ser abandonado.
Sin embargo, no siempre tiendo la mano en oración.
Ya que es muy difícil que yo rece, te pido
Estar conmigo incluso cuando no note tu presencia y
En acompañarme a llevar mi sufrimiento a el Padre, como tu llevaste el
tuyo a Él en Getsemaní.
Ayúdame a ponerme enteramente en las manos del Señor, como tu en la
cruz.
Padre, en tus manos encargo mi espíritu.

Mona

ABRIL 3, 1993

Las Burbujas de Dios

Entre la oscuridad del desierto, veo la luz.
Señor, es la luz de risa y amigos –
Personas que mandas a iluminar el día.
Amigos que son preciadas perlas, regalos del cielo que iluminan el día y agarran tus manos.
Aquellos cuyos abrazos envuelven al dolor y derraman amor, cuidados y preocupación que curan sobre estas heridas abiertas.
Tan seguro como lo dicen tus palabras en el libro de Sirach: **"Un amigo fiel es un refugio seguro, quien encuentre tal ha encontrado un tesoro raro y quien le tema al Señor encontrará uno."** (Sirach 6:14)

> Dios, gracias por los amigos que he encontrado – perlas invaluables,
> Perlas que brillan en la oscuridad, su risa penetra en las paredes engrosadas.
> Alguien cuya opinión toca y apacigua mi dolor.
> Señor yo se que estas cerca por los amigos que son míos,
> regalos que me han sido otorgados, elegidos por ti – Padre, hijo y Espíritu Santo – trinidad, un amor,
> Un amor que no conoce fronteras.
> Gracias Señor, que puedo sentir esa trinidad de amor en mis amigos otorgados por Dios.

Oración a la Trinidad

> Padre, continúa sosteniéndome a mi y a la creación en tus manos amorosas,
> Jesús, mi hermano, Hijo del Padre, camina conmigo:
>> Antes que yo, para guiarme,
>> Detrás de mi, para protegerme
>> Junto a mi, para apoyarme y ser mi compañero.
> El Espíritu Santo me rodea y me llena con la flama de amor y el aliento de la vid.

Te venero, Padre, Hijo y Espíritu Santo.
Amen

Mona

ABRIL 4, 1993

Brillo del Sol

Buenos días Jesús, el sol brilla hoy, los pájaros cantan dulcemente.
La naturaleza grita la maravilla que eres
Hoy, mi peso parece ligero
La esperanza brilla fuerte y sobreviviré hoy.
El sol derrama tu gracia mientras disfruto el calor de tu cariño.
Tengo la fortaleza de seguir adelante y aun así, aunque haya incertidumbre, estás en la distancia llamándome.
Ven, hija mía, estoy al final de este camino.
Oh, que alegría siente mi corazón hoy, pues hay alegría en mi sufrimiento – pues tu también lo aguantaste así.
Mi Dios, soy una contigo; la alegría llena mi corazón.
El sol brilla, los pájaros cantan y la brisa cálida es como una cobija sobre mi.
Señor, soy libre – mi sufrimiento ha encontrado su propósito.

Mona

Alabanza al Señor

"Tu eres santo, Señor, el único Dios y
Tus actos son maravillosos.
Eres fuerte,
Eres grande,
Eres el más elevado,
Eres todopoderoso,
Tú, Santo Padre, eres rey del cielo y la tierra.
Eres tres en uno,
Señor Padre, todo lo bueno.
Eres bueno y benevolente.
Señor Padre, que vive y es verdad,
Eres amor,
Eres sabiduría y humildad,
Eres resistencia y descanso,
Eres paz, alegría y felicidad.
Eres justicia y moderación.
Eres todas nuestras riquezas y sobresales por nosotros.
Eres belleza, amabilidad y nuestro protector.
Eres nuestro guardián y defensor y eres nuestro valor.
Eres el cielo y la esperanza.
Eres nuestra fe, nuestra gran consolación.
Eres vida eterna, eres maravilloso.
Señor, Dios todopoderoso, salvador de clemencia." [9]

San Francisco de Asís

---

[9] Theo H. Zweerman, Edith van den Goobergh, *Saint Francis of Assisi: A Guide for our Times*. Leuven, Belgium: Peeters, 2007.

ABRIL 6, 1993

El Niño

Señor, hoy he sido probada; ¿pueden emociones pasadas causar tal dolor?
Señor, no entiendo tus maneras.
¿Puedes darme una visión?
Para verdaderamente amar a nuestros hermanos en pecados y así mismo ser benevolente.
Que difícil Señor, es corregir en el amor,
Entender la frialdad humana y la debilidad.
La tentación que brilla como oro – invaluable pero inservible.
"¿Pues que le aporta a un hombre ganar todo el mundo si pierde su propia alma?"
Señor, hoy he sido probada.
Mi amiga, quien falleció, ha sido traicionada.
¿Pasé tu prueba?
¿Acaso vi la mente y el corazón de Cristo?
Señor, perdona a mi hermano hoy; acepta su amor y no sus actos.
Pues un niño ha nacido. ¿Qué niño es este?
Inocente y desconocido.
Señor, me duele el amigo que perdí.
Oye mi llanto este día, pues mi dolor es profundo.

Mona

Iluminaciones Espirituales

"Pues no es la soledad física lo que nos separa de otros hombres, ni el aislamiento físico, si no el aislamiento espiritual.

No es la isla desierta, ni la intemperie tormentosa lo que te separa de aquellos que amas.

Es el desierto de la mente, el desecho del desierto en el corazón a través del cual uno se pierde como un extraño.

Cuando uno es un extraño para sí mismo, entonces uno es desconocido para los demás también.

Si uno no está en contacto con sí mismo, uno no puede estar en contacto con los demás." [10]

Anne Morrow Lindbergh

"Cuando caminamos nuestro camino y nos topamos con un hombre que viene hacia nosotros, por su propio camino, sabemos solo nuestro recorrido, no el suyo. Pues el suyo solo cobra vida en nuestro encuentro." [11]

Martin Buber

---

[10]   Anne Morrow Lindbergh, *Gift from The Sea*. New York: Pantheon, 1991

[11]   Martin Buber, *I and Thou*. Eastford, CT: Matrino Fine Books, 2010

ABRIL 18, 1993

El Desierto más Profundo

Oh, ¿por qué desierto me aventuro esta semana? Señor, ¿pero qué pensamientos puedo entender?

Lo que aparentaba estar bien, ahora está acechado y mal. Me siento sin valor, caída, como gusano.

Y sin embargo Señor, se que estás ahí, pues son momentos como este en los que siento tus manos formándome fuertemente.

Esta vez, ni siquiera las Burbujas de Dios iluminaron mi camino.

Pues tu también Señor, te sentiste enojado, olvidado, poco apreciado y destrozado y aun así lo soportaste con toda humildad. Ahora:

He fallado, más de una vez.

Veo tu cara de lástima sobre mi y tu mirada dice, "Mi hija, tu sabes la respuesta".

"Esta es la parte más poblada y profunda del bosque y por ella debes pasar. Si, ibas a perder tu camino lleno de incertidumbre, pero ¿qué no te dije que estaría aquí?

"No estoy listo para que vengas a mi. Se paciente un rato más. Debes de hacer paso para otros. Recógete y bebe de la fuente de aguas de vida."

"Siente a mi espíritu refrescarte un poco más."

Mona

ABRIL 19, 1993

Nueva Alegría

Hoy, Señor, las noticias son buenas. Se que oíste mi oración más profunda, unido con María, mi Madre, mientras te rezaba a ti. Me contestaste, todas las alabanzas a tu nombre. La luz brilla hoy para mi esposo. Mi corazón se llena de alegría, los árboles son verdes y tal vez, Señor, estoy a medio camino. La oración que he encontrado hoy dice que has hablado.

Mona

Oración: Entregada a Dios

Señor, hoy cuando leí en el Libro de Reyes acerca de la dedicación del templo, estuve especialmente impresionada con el rezo dedicado a Salomón. Me recordó que tu señalaste a Israel de entre todas las naciones del mundo para ser tu propia herencia (1 Reyes 8:53)

Estas personas vivían bajo el antiguo pacto. ¿Qué tanto más pertenezco al nuevo pacto, señalada para ser tu herencia?

¡Qué bendecida soy! Después de que el tiempo fue dedicado, las personas volvieron a casa "alegres y felices en el corazón de todo el bien que habías hecho."

Cuanta más razón tengo de ser alegre por el bien que estás haciendo.

La emoción de saber que soy un bien adquirido me hace cantar con los salmistas: "**¡Alabado sea el Señor! Pues el Señor es bueno, cantando alabanzas a su nombre, pues Él es clemente. El Señor me ha escogido para Él mismo… como su posesión**" (Salmo 135:3-4).

Mi hija, tal como yo estimé la oración de Salomón ese día, también honoró tu oración.

Fue yo quien consagró el templo de Jerusalén, "plasmando mi nombre ahí por siempre"

De la misma manera, te he consagrado a ti y te he guardado para mí. Mi nombre está estampado en tu corazón como recordatorio de mi presencia permanente.

Resido dentro de ti para poder de llenarte de alegría en todo lo que hagas. **"Vine para que tengan vida y la tengan abundantemente."** (Juan 10:10)

Llénate de felicidad. Deja a tu ser radiar mi alegría. [12]

Marie Shropshire

Y así, mi viaje spiritual continuó y el Señor le permitió a los caminos de la vida llevarme a través de los planes que tenía para mi, para acercarme a Él.

---

[12]   Marie Shropshire, In Touch with god: How god Speaks to Prayerful Heart. Eugene, OR: Harvest House Publishers, 2005.

ABRIL 23, 1993

Los Separados

Señor, la vida parece injusta.
Dos amigos cercanos se han ido.
¿Cómo puede ser esto?
Dos corazones que se habían vuelto uno, se han separado.
Perforados y unidos completamente, maltratados y desgarrados.
¿Puede sanar esta herida?
Señor, retrocedí y tuve que observar.
Mi corazón lo sintió profundamente, tan indefenso, llamando desde lejos.
La oscuridad ha llegado y la separación nos envolvió.
Ambos se dolieron, sin embargo, uno más que el otro... lastimado y desgarrado.
¿Puede sanar esta herida?
Retrocedí y observé.
Mi corazón lo sintió profundamente, tan indefenso, llamando desde lejos.
Por favor no partas, un momento demasiado tarde.
¿Dios esto es cierto? Mi buen amigo se ha ido así.

Mona

Iluminaciones Espirituales

"¿De todos los que están cerca de mi, cuál eres tu?
Dios bendiga el piso. Caminaré por ahí,
Y aprenderé al crecer hacia donde debo ir." [13]

Theodore Roethke

---

[13]   Theodore Roethke, *The Waking: Poems 1933-1953*. New York: Double Day 1953

JUNIO 16, 1993

La Espina

Mientras sigo este viaje, Señor, el duelo ha llegado para mi amigo.
¿Puede ser real este dolor?
Padre, ¿puede prevalecer mi amigo?
El dolor parece insoportable, pero Señor, se que estas ahí.
¿Acaso ella no lo ve? Su confianza es débil. Ayúdala Señor.
No puedo soportar verla tan bajo, rota y deshaciéndose.
Nadie entiende su dolor.
¿Tiene que morir para que otros vivan?
Tu hiciste eso hace mucho tiempo.
Tu rendiste tu vida para que nosotros viviéramos y sin embargo, la vida y la sociedad nos roban esto.
¿Quién puede ser tan valiente para soportar como tu lo hiciste?
Querido Señor, esto te pido: Sostén a mi amiga, pues hoy su cuerpo es débil.

Mona

"La gracia es el comienzo de la Gloria
y La Gloria es gracia perfeccionada." [14]

Jonathan Edwards

---

[14] Jonathan Edwards, A *Treatise Concerning Religious Affections*. New York: Cosimo Classics, 2007.

JULIO 16, 1993

Angustia

Señor, ¿dónde estoy hoy?
El bosque parece tan denso. Me están rasgando las ramas.
Tantos árboles grandes cerrándose sobre mi.
Estoy envuelta… ¿Dónde esta la luz a través de los árboles?
Pareces estar tan lejos. Mi corazón se ha dividido.
Han perforado mi corazón. La herida está sangrando.
Mi dolor es profundo, por favor tócame ahora.
Hoy, estoy llena de dolor.
Estoy separada de mi otro yo.
Ayúdame a encontrar a mi amiga otra vez… se ha escondido por un rato.
¿La encontraré una vez más?
Se mi amigo hoy más que nunca.
De la mano caminamos otra vez.

Mona

Defecto

"Vinieron a decirme tus defectos,
los nombraron uno a uno;
me reí cuando habían terminado,
yo ya los sabía bien desde antes.
Estaban ciegos… demasiados para poder ver
Tus defectos me hacen amarte más." [15]

Sara Teasedale

---

[15] Sara Teasdale, *Love Songs.* Charleston. SC: Forgotten Books, 2012

Después de regresar a casa con Aziz del viaje médico, mi vida continuó y mi viaje espiritual se volvió más profundo. Continué percibiendo la voluntad de Dios para mi en todo lo que aparecía frente a mi. Embarcarme en una vida para el Señor requería fidelidad, perseverancia y sobre todo, un amor profundo para hacia mi Dios, quien me salvó y había sido misericordioso con mi familia.

Viviendo bajos los estándares de Dios y no del mundo, requiere un compromiso al llamado de Dios y no lo que requiere o espera el hombre.

Cada día, enfrenté retos en mi caminata con el Señor y las situaciones que llegaron a lo largo del camino.

CAPÍTULO 4

El Camino Escabroso

OCTUBRE 13, 1993

Peregrinaje a Betania, Venezuela

Este viaje fue uno de calvario y resurrección. La experiencia que yo tuve en el viaje me hizo recordar las palabras de Jesús en la escritura que señalaban los tiempos en los que estábamos y el porvenir.

Mi mensaje era uno de resistencia y perseverancia, volviéndome contemplativa en el mercado. Tenemos que ser capaces de encontrar a Jesús en la concurrencia y no tener que esperar para la situación perfecta.

Tenemos que luchar en contra del pánico y la confusión y seguir el camino siempre. Hay algunos que escogerían un camino diferente, viendo y entendiendo solo su propio camino. El mensaje de Dios hacia mi era; *"sin importar los obstáculos, sigue adelante, perdura hasta el final y siempre escoge la vida"*

El quería un sequito de seguidores comprometidos, fieles, que no se quejaran. Yo sentía, en la separación del grupo en esa noche de oración de vigila, que Dios quería que hablara desde mi corazón.

Había mucho dolor y malentendido dentro del grupo acerca de cómo nos habíamos separado. Parecía imposible entender todos los sucesos y al llegar la mañana, esperamos para ir a la misa del medio día y consultarlo con el visionario.

El sol abatía y la espera era larga. Había muchas quejas y discusiones y todos parecían estar heridos por mi. Sentía que silencio era lo que Dios pedía de mi. Había sido mal entendida y no conocía ninguna explicación adecuada.

Cada uno fue llamado ante Dios para prestar atención a su mensaje y examinarse a si mismo. Fue difícil y doloroso y hubo mucho crecimiento — una experiencia de un llamado a una conversación más profunda.

En mi caso, me sentí siendo llevada a algo mas profundo… una nueva manera de ver el modo divino, el modo interior. Como María, tenía que esperar en silencio e incertidumbre. El viaje concluyó con desunión entre algunos de nosotros gracias a problemas existentes y era evidente que habíamos dejado entrar al espíritu de la discordia.

Yo se que el corazón de Dios adoleció durante todos estos eventos, pero su misericordia es grande y la victoria sería suya. Sufrí los insultos y juicios injustos por el bien de Dios, mientras unía mi dolor con aquel de mis amigos, quienes se sentían humillados, juzgados y rechazados por igual.

Pedía que esta experiencia nos acercara aún más a la santidad. Los momentos por venir iban a ser difíciles, pero teníamos que perdurar.

La gloria sea de Dios.

Recordé, en nuestro camino de regreso del lugar de la aparición, el Señor me silenció y por un día y medio, no podía hablar. Me retiré a mi interior y dejé que Dios me mostrara sus planes para mi. Fue un momento divino, descansando en el Señor, bloqueando los sonidos de las multitudes.

Sabía lo que Dios me estaba pidiendo y lo difícil que sería ir en otra dirección. Me tenía que dedicar a la construcción de una capilla, donde tenderíamos la Adoración Eucarística perpetua. Esto significaba que ya no iba a estar involucrada en otros ministerios, excepto en nuestro compromiso de rezo de los lunes.

Esto era un viaje de fe profunda, tolerancia y valentía. Decidí a mi regreso embarcarme a este nuevo viaje que Dios tenía para mi.

Conforme siguió el tiempo, junto con mi grupo de oración, comenzamos nuestro nuevo ministerio para darle más espiritualidad a las personas en su adoración a Jesús dentro del Santo Sacramento. La gracia de Dios nos ayudaba en momentos de debilidad. Hubo momentos en los que di a más no poder, pero seguí adelante, confiando plenamente en el Señor, sabiendo que lo tenía que hacer y tal como Él, lo debía hacer sola.

Mi amor por Dios y los secretos que Él reveló, me daban la fuerza necesaria. Al final, todo lo que importaba era el amor y la adoración por Él y que curaba los pecados que lastimaban Su corazón y el de su Santa Madre. Las personas eran bendecidas y el tesoro de los regalos de Dios eran abundantes. Nos daba lo necesario para completar su trabajo.

El 18 de Marzo de 1996, tres años después de su llamado, abrimos nuestra capilla de adoración para cualquiera que necesitara experimentar a Jesús rezando en silencio, para confiarle sus penas, dolor y alegrías. Ahí, ellos eran refrendados, consolados y otorgados la fuerza para seguir adelante. Su llamado hacia mi y al grupo fue logrado a través de la gracia que Él nos dio. Amen.

OCTUBRE 15, 1993

El Camino

Señor, he sido tocada profundamente por tu luz divina.
La verdad sigue entrando en mi.
El velo está roto.
La humanidad, toda está engañada.
Como duele ver la oscuridad de mis amigos.
Ayúdame a mostrarles el camino. No mi visión si no tu luz sobrenatural
iluminando la oscuridad.
No los dejes caer en el pozo.
Padre, amo a mis amigos; mantéenos unidos.
No nos dejes partir, cada uno por un diferente camino.
¿Nuestro destino final será el mismo?

Mona

FEBRERO 6, 1994

Peligros

Señor Jesús, tu agitación continua rodeándome, llegando a agarrarme.
En ti estoy anclada – el único que puede calmar el movimiento de las aguas.
En el mar de personas perturbadas, Señor, tu paz me sostiene.
Tu espíritu endereza mis pensamientos y acciones.
El mundo parece estar perturbado por los peligros del mar de emociones.
¿Quién escapará las mandíbulas de la muerte?
¿Son aquellos de manos fuertes cuyos pies los llevan lejos?
Sálvanos, Señor, de estos "peligros".
Deja que la red del manto de tu Madre nos reúna – sanos y salvos:
Llevados a tierra firme – la arena por la cual caminas - las pisadas que no vemos.
Pero Señor, sabemos que nos llevas cuando ni siquiera nos damos cuenta.

Mona

ABRIL 10, 1994. MI CUMPLEAÑOS NÚMERO 40

Perlas

El tiempo ha pasado – tanto ha dado a luz y sin embargo mi alma vuela
hacia arriba – contra viento y marea encuentro mi descanso.
El amor de Dios se vierte sobre mi,
Aunque he sentido el Calvario – la resurrección me sostiene.
Los regalos espirituales de Dios han llegado a mi hoy.
Un día que regocijo – la celebración de mi vida.
Más cerca de ti, mi Dios.
Tantos regalos hermosos han sido otorgados.
¿Qué más puedo sentir?
Él me mostró su misericordia.
Le doy gracias a Él por mi vida, mis amigos, mi familia y los verdaderos
amigos espirituales – sus regalos para mi.
Bendice, Dios, mi amor incondicional por ti.

Mona

Iluminaciones Espirituales

"Ceder es ser preservado.
Ser doblado es mantenerse derecho.
Estar vacío es estar lleno.
Estar gastado es ser renovado.
Tener poco, es poseer." [16]

Lao Tzu

---

[16] Lao Tzu, *Tao Te Ching*. Shambhala; 1ˢᵗ ed. Boston, MA: Shambhala 2007.

MAYO 4, 1994

Desolación

Jesús, a ti te pido – quítame la consternación.
Los que te han amado te han traicionado.
Han entrado en la guarida de la traición.
Están sentados sobre el trono – como sabios – pero que tontos.
La oscuridad se hizo presente, tu luz divina se ha opacado.
Con dolor, Señor, por las palabras dichas,
Pero por ti yo persevero
Te ofrezco mi dolor y mis penas.
Reviértelos para que llegue tu reino.
La luz conquista la oscuridad.
Arranca el velo de sus ojos, la sordera de su oídos.
Tu voz por si misma resuena – retumbando por la tierra.
Porque en cada súplica terrenal, solo tu puedes decidir, puede acusar
Tu eres el autor de la vida y la palabra.

Mona

Iluminaciones Espirituales

"No hay necesidad de salir
Para ver mejor.
Ni asomarse por una ventana,
Sino habitar
En el centro de tu ser,
Porque entre más lo dejes, menos aprenderás.
Busca en tu corazón y ve
El que es sabio cada vez:
La forma de hacer es ser." [17]

Lao Tzu

---

[17]   Lao Tzu, *Tao Te Ching*. Shambhala; 1st ed. Boston, MA: Shambhala, 2007

JUNIO 7, 1994

El Brote

Una nueva semilla ha sido plantada
Un tiempo de germinación
Todo esta cubierto – la tierra está preparada
Un tiempo de espera,
Viendo en expectación silenciosa – no se necesitan palabras.
La temporada está cambiando
¿Habrá frutos?
La reflexión silenciosa
Las emociones dolorosas
Sin embargo, el invierno debe venir y luego primavera, verano y otoño.
¿Qué flor florecerá?
La riqueza del silencio – incomprensible
El granjero espera el brote de una nueva temporada.

Mona

"Solo cuando bebes del río del silicio
en realidad comenzarás a cantar." [18]

Kahil Gibran

---

[18] Khalil Gibran, *The Prophet*. Hertfordshire: Woodsworth Editions, 1997.

JUNIO 15, 1994

Getsemaní

Jesús, me estoy arrodillando en tu piedra, en el jardín de Getsemaní
Sabiendo lo que estoy a punto de enfrentar…
Muchos me han traicionado
Pero Señor, tu seguro sabes –
¡Cómo te bebe haber dolido!
¿Cómo pueden hacer esto?
Te han lastimado tanto,
Y aún así, has dado tu todo.
Mi corazón, Señor, siente lo mismo
Incluso mi amigo más cercano me ha traicionado
Han sido tan insensibles, ciegos
El egoísmo busca destruir
¿Por qué, Señor, han caído en el?
¡Siento estar a punto de ser crucificada!
Unida contigo, muero para volver a levantarme.

Mona

OCTUBRE 1, 1994

Cadenas Rotas

Las cadenas se han roto; una por una se caen –
Unidas y al mismo tiempo separadas –
La herramienta de oración
A simple vista tan débil y sin embargo la más poderosa de las herramientas.
La oscuridad se está desvaneciendo,
La luz vuelve a llegar.
La luz de tu cara divina, para acabar con lo obscuro.
Uno por uno experimentan tu iluminación.
¡Oh Señor, acaba completamente con el mal de la oscuridad!
Tu misericordia resuena – el Ángel Miguel ha triunfado.
Alabanza hacia el Señor, quien nos da todo.
Nuestros corazones cantan y se regocijan nuevamente.
Otro camino ha sido encontrado en este Desierto de Curación.

Mona

Mona Hadeed

MAYO 17, 1995

El Carrusel

Una y otra vez Señor, mi mundo en ti se voltea de cabeza.
Esta vez, Señor, me enfrento a sentimientos distintos.
¿Cómo decido cuál es tu voluntad divina para mi ahora?
Siento que la misma melodía esta siendo tocada por mis amigos una y otra vez
Estoy comenzando a confundir la auto-entrega con tu escena en el templo.
¿Cuándo debo voltear la mesa en la guarida de tu hogar?
¿Cuándo debo ser la gentil, amorosa y compresiva persona dentro de Cristo?
Estoy confundida, Señor, pues veo tu casa convertirse en una guarida de recolectores de deudas.
Regrésame mi alegría, que parece eludirme frecuentemente estos días.
Ayúdame, Señor, pues tu sabes que mi anhelo más profundo es amarte y servirte, así como a las personas en las que existes.
Ayúdame, también, a amarme en el servicio de tu reino.

Mona

¡Dios del amor – Perdona!
Enséñanos a vivir realmente.
No preguntes nuestra raza o credo,
Solo acéptanos en tiempos de necesidad,
Y haznos saber que tu nos amas también,
Y que somos parte de ti…
Y algún día, el hombre se dará cuenta,
Que toda la tierra, los mares y los cielos
Le pertenecen a Dios, que nos hizo a todos,
Los ricos, los pobres, los grandes y los pequeños.
Que en los ojos santos del Padre,
Ningún hombre es amarillo, negro o blanco,
Y la paz en la tierra no puede encontrarse
Hasta que nos entendamos
Y todo hombre sea un hermano,
Quien alabe a Dios y ame al prójimo. [19]

Helen Steiner Rice

---

[19]   Helen Steiner Rice, Loving Promises: Especially for you. Grand Rapids, Michigan: F.H Revell Co., 1975

OCTUBRE 21, 1995

La Pregunta

¿Dónde estoy hoy?
Sin lugar al que pueda llamar mío
Invadida por todos lados
Ningún lugar que me pertenezca
Mi corazón se siente tan lejano
Sin hogar en donde descansar mi cabeza
¡Oh! ¿Dónde descanso?
¿Para encontrar lo mejor de mi?
Estoy en medio de la nada
Perdida en mi misma.
Espero, Señor, a que llames otra vez
Esta vez con nueva alegría y un nuevo horizonte,
Un nacimiento está a punto de empezar
Espero con mucha expectación.

Mona

Contribución general

Es difícil quedarme aquí
Nunca he sabido por que es así.
Pero por algún tiempo me he preguntado porque
Mi cuerpo se queda y mi mente se va.
Vuela a mi propio lugar secreto
Lejos de la gente que he conocido.
Cuando no puedo soportar el dolor
Donde me siento seguro es a donde me he ido.
Seguido he querido vivir ahí
Aunque estaría completamente solo.
Me brinda paz y aleja las luces,
Y mantiene mis secretos aún desconocidos.

Autor desconocido

Mona Hadeed

SEPTIEMBRE 7, 1996

Declarado

Mas allá del tiempo y del espacio,
¿Quién conoce el plan del Señor?
Y sin embargo los humanos intentan determinar
EL propio,
Un alma escogida por Dios
Declarada al mundo,
Y sin embargo, escondida por algunos…
El tiempo evolucionó…cuatro años pasaron.
Dios llamaba… ¿quien iba a responder?
Las barreras finalmente fueron derribadas.
La gloria de Dios pudo brillar.
Ella fue declarada…
"La perla de gran valor"
Ann Marie.
La función sigue…
En algún lugar sobre el arcoíris.

Mona

OCTUBRE 1996

Yendo a Casa

Señor, cuando halla llegado mi llamado celestial
Cuando la luz de este mundo ya no sea,
Que haya alegría, pues me estaré yendo a casa…
Un lugar sin sufrimiento ni tristeza.
Que la tierra regocije, pues hay razón para estar feliz.
Sin vestiduras de luto,
Solo atuendos de blanco puro.
Que la tristeza de mi muerte sea por dentro.
El mundo tiene que saber que mi vida debe ser celebrada.
Mis hijos deben de amar mis memorias con alegría.
Pues negro es el color de la oscuridad…
Blanco…la luz de la resurrección.

Mona

Adoración

"Jesús"
¿Quién puede comprender el gozo de tu presencia?
La dulzura de tu fragancia,
El gozo de tu compañía,
La paz que brindas,
La alegría que impartes.
¡Oh! Si tan solo supieran a lo que se están negando.
Por que tu presencia, Señor, es más dulce que la miel.
Anhelo estar en tu presencia… Diariamente…
Para saborear el amor que das.
La vida vale la pena vivirla, solo por ti.
Todo lo que nos rodea se torna bello en ti.
A través de los ojos que nos das.
Realmente – la belleza está en los ojos del observador.

Mona

Reflexión

¿Hablaste hoy con Jesús?
¿Te sentaste un momento con a Él?
¿Le oíste susurrar cosas sobre de ti, tu familia y tu vecino?
Si no, tómate el tiempo de estar con el y oírle decir,
"Como te amo, mi hija; descansa en mi pecho como mi querido Juan."

Mona

NOVIEMBRE 1996

Continué con mi viaje, sirviéndole al Señor atendiendo a todos sus llamados. Continué sirviéndole a Él en el Bendito Sacramento; diligentemente continué manteniendo las flores en el altar de la capilla. Un día, mientras arreglaba el altar, alguien me dio una nota.

Mona:

*"Esta labor de amor al Señor te traerá muchas bendiciones ahora y siempre.
Él es un Señor tan bueno y aprecia cada pensamiento que le das."*

Conforme pasó el tiempo, esa nota vino a mi mente muchas veces en el Sagrado Sacramento, conforme vi como el Señor nos bendecía a mi y a mi familia. En cada prueba que experimentó mi familia, aunque dolorosa, triunfamos.

FEBRERO 20, 1997

La Herida

¡Qué doloroso, Señor, puede ser este viaje!
Algunos son tan ciegos y otros ven
Esos amigos cuyos ojos creí veían,
¿Enserio no lo pueden percibir?
Se escudan detrás de su propia falsedad
Se reúsan a buscar la verdad,
La verdad que los va a dejar ser – simples, humildes y pobres.
El dolor es inmenso al encontrar esos amigos – quienes creí veían –
Pero que en realidad deciden satisfacerse a si mismos en lugar de a ti.

Mona

MARZO 24, 1997

Ramas Secas

Nuestras vidas se asemejan a un árbol
Las ramas constituyen los años de nuestra vida –
Las diferentes apariencias,
Las hojas lustradas – ¡los buenos tiempos!
Las hojas caídas - ¡los tristezas!
Las ramas dañadas - ¡el dolor!
Luego llegan – las ramas secas –
La revelación de lodo lo que se ha roto y escondido.
La poda por la mano del Maestro.
Una vez más para florecer en la belleza de la Creación.
La vida del maravilloso árbol vivirá nuevamente en la belleza de su tierra.

Mona

MARZO 24, 1997

Querido Señor,

Perdóname por esas veces cuando –
Aunque siento que estoy bien, actúo como un Fariseo.
Pues aún así, me llamas a la humildad.
Ayúdame a nunca dar excusas por mis pecados, solo para satisfacer mi placer, mi alabanza y mi importancia personal.
Conságrame siempre en tu verdad ya que aunque tenga que morir por la espada de la verdad, seré valiente.
Mantente a mi lado, ahora y siempre.
Madre Santa, se mi guía, mi modelo a seguir, mi inspiración, mi fuerza.

Mona

JULIO 23, 1997

Dos Corazones

Ha sido algún tiempo, Señor, desde que corazón le hablo a corazón.
Extraño esos momentos sola contigo – la Paz, el descanso – solo comunicándonos –corazón a corazón.
Mi viaje esta torciéndose, cambiando, a veces oscuro y luego brillante con los rayos de tu amor.
¡Por favor, Señor! ¿Podría regresar a ese lugar de descanso y rendirme, donde la vida es ir más profundo dentro de tu corazón, a ser un mismo contigo?

Donde dos corazones laten como uno sólo.

Mona

AGOSTO 15, 1997

Nublado

Mi querido Jesús, donde una vez creí ver claridad en el desierto de mi vida, han crecido más espinas y ramas.

El mundo parece tan fijado en ser perfecto, haciendo la vida tan miserable, pero Señor, todo lo que nos enseñaste fue a ser simples y puros, amándote día con día.

Señor, Me siento anclada, atrapada, tan pequeña, pero amada.

Quiero deshacerme de estas prendas que me pesan y me impiden sentir brillo del sol en el bosque.

No me dejes estar sobrellevada por la lástima y la pena, si no dame la gracia para seguir adelante, recordando que te puedo ofrecer todo, para que me uses como sea tu santa voluntad.

Mona

JUNIO 24, 1998

Silencio

Señor, déjame no hablar a menos que me hablen
No liderar a menos que me pidan guiar
No seguir a menos que tu me lo pidas
No dar consejos a menos que me inviten a darlo
No ofrecer mis opiniones a menos que así me lo indiquen
Andar por mi camino guiado por ti – no por otros.
Dame el valor de actuar cuando se que así lo tengo que hacer – pues en mi silencio, las palabras no se pueden entender.

Mona

JULIO 10, 1998

El Destino

Querido Jesús,

Este desierto parece hacerse cada vez más denso.
Que cansado parece este viaje.
El desierto, es silvestre.
El alma comprende el amor de Dios,
¿Pero quién comprende los giros y desvíos?
El claro parece tan sencillo de discernir, pero ¿cómo podemos crearlo con manos desnudas?
Señor, solo tu muestras el camino.
Con tus tiernas manos haces todas las cosas brillantes y claras, la manera, tu manera.

Mona

AGOSTO 2, 1998

Gratitud

Jesús, que adecuado es agradecerte – por la vida –
Una vida que no tiene sentido sin tu aliento que la otorga, navegando dentro de cada uno.
La belleza que nos haces ver –
Creada toda por ti.
Ahí para aliviar nuestros pesares, causarnos risa y traer luz a la penumbra.
Si tan solo dejáramos de ver la perdición – para admirar la belleza de tu creación.
Podemos florecer donde tus nos siembras.

Mona

SEPTIEMBRE 11, 1998

Una Pérdida

¿Cómo podemos entender alguna vez, cuando llamas de regreso lo tuyo a casa?
Los hemos nacido,
Los amamos, cuidamos, cargamos en nuestros brazos.
Y cuando llamas a los tuyos de regreso,
Que doloroso es dejarlos ir.
Nunca volver a ver esa sonrisa,
Oír esa voz,
Abrazar ese amor,
Lejos por siempre, aunque solo por un rato,
A la casa del que creó todo.
A salvo en casa, lejos del dolor y sufrimiento.
Adiós, Adiós.

Mona

Confundida

Jesús, ¿dónde estoy hoy?
¿Qué debo hacer?
Añoro los días antiguos, en donde tenía la libertad de decidir.
Donde tu ocupabas cada uno de mis pensamientos.
¿Es esta la cruz que debo soportar?
¿La que tu escogiste para mi?
Deja que tu voz hable fuerte y claro, sobre las colinas y en todos lados.
Que no haya duda que cuidas de aquel que amas.

Mona

OCTUBRE 7, 1998

Sola

¿Dónde estoy hoy?
Sin lugar que llamar mío, invadida por todos lados, sin un lugar a donde
pertenezco.
Mi corazón se siente lejano, sin un lugar donde descansar mi cabeza,
Oh, ¿dónde encuentro descanso para encontrar mi mejor potencial?
Bendice, Señor, mis obras, mis pensamientos.
Estoy en medio de la nada, perdida en soledad.
Espero, Señor, volver a escuchar tu llamado
Esta vez con nueva alegría, con un nuevo horizonte.
Está por comenzar un nuevo renacer
Espero con gran expectación.

Mona

SEPTIEMBRE 15, 1999

Las Zarzas

El viaje continua, Señor.
Las zarzas parecen hacerse mas densas cada vez.
Parecen cerrarse ante mi.
¿Cómo veo el camino, hacia dónde volteo?
El camino parece no estar ahí.
Mi corazón parece inseguro.
¿Cuál es el camino correcto?
Señor, dirige mis pies, haz claro el camino, porque tu visión, Divino Maestro, es la luz certera.
Ayúdame a ver esa luz divina – dirige mis pies.
Por favor ¡muéstrame el camino!

Mona

NOVIEMBRE 21, 1999

El Estruendo

Señor, una vez más es este momento - ¡he vuelto a encontrarme con un cruce de caminos!
Parecía ser hace tanto tiempo cuando el corazón hablo con el corazón.
¿Acaso no escuché tu llamado o me ocupé demasiado para oír tu voz?
Aun así, seguiste susurrando mientras llamabas mi nombre.
Tus susurros se volvieron rugidos: *"¿Estoy hablando, acaso no me oyes?"*
"Si, Señor." contesté, *"He venido a hacer tu voluntad."*
Abro la puerta para que entres, soy tu siervo.
He aquí, la sirvienta del Señor, que sea hecho en mi lo que sea tu voluntad.

Mona

DICIEMBRE 6, 1998

Armonía

La vida fue creada en armonía,
La armonía del amor entre dos personas.
Una armonía que viene de un amor en el cual concuerdan dos personas.
La vida comienza con armonía.
Una esperanza de que los dos, formen una unión que perdure por siempre.
"Armonía" es el hilo que le permite a la vida crecer dentro de cada uno de nosotros.
"Armonía" es el espíritu de Dios que vive dentro de cada quien,
Anhelando alcanzar y tocar a todos los que nos rodean.
"Armonía" es lo que nos llama a amar, creer y cuidar de otros.
"Armonía" es la Santísima Trinidad.
El único Dios de la trinidad,
Que es la unión del
El Padre, el Hijo y el Espíritu Santo.
Tres Personas – y al mismo tiempo una sola.
Déjanos vivir en el espíritu de la "Armonía" que vive dentro de cada uno, para cada uno.

Mona

Oración al Señor

Señor Jesús, necesito tu ayuda para lograr mis retos.
Dame perseverancia, sabiduría y motivación para lograr tu voluntad en mi vida.
Que fluya la armonía, para que mi espíritu sea uno con el tuyo.
Amen.

Mona

CAPÍTULO 5

Su Cara Reflejada

ENERO 8, 2000

Amor Perfecto

Gran y Magnánimo Dios, celebro tu increíble omnipotencia.
Eres Dios de fuerza y poder.
A través del tiempo, tu amor incondicional es manifestado.
Eres atemporal para toda la eternidad.
Mi corazón quiere cantar tu grandeza.
Mi corazón anhela experimentar esa alegría atemporal, aquella que celebra
la vida –2,000 años atrás.
Sin embargo, me siento atrapada por las historias de mi vida.
Parece no haber final feliz para los capítulos.
Señor, lloro por la luz que penetrara la oscuridad del malentendido,
especialmente en aquellos cercanos a mi.
Solo quiero hacer tu voluntad, en tu "Amor Perfecto"

Mona

Y así, mi vida continuó con todas sus altas y bajas y me aferré a las promesas de Dios y al amor que le daba a aquellos que lo aman a Él.

Aziz siempre estaba plagado e infestado de enfermedad y sin embargo, tenía la valentía de superar todo lo que se le ponía enfrente.

Habíamos ido a otro examen médico rutinario cuando, nos dijeron los médicos que su hígado estaba cubierto de tumores benignos y no tenía otra opción mas que perder la mitad de si hígado en una operación.

Señor, se que estas ahí y tu amor soporta todo.

Mona

"No sanamos al alejarnos o escaparnos del dolor y el sufrimiento, si no al aceptarlo, madurando través de el y encontrando una unión con Cristo, quien sufrió con amor infinito" (Papa Benedicto XVI *Encyclical Letter Spe Salvi* "En esperanza de salvación," 37).

MARZO 20, 2000

Querido Señor,

Parece que este ciclo de la vida da vueltas muy seguido en mi viaje espiritual.
La indecisión de lo que realmente es tu voluntad para mi y Aziz en este momento.
Parecemos siempre experimentar el poder de tu clemencia y amor.
Nos llevaste un paso más cerca de la experiencia de Abraham, quien fue llamado para ofrecerte a su único hijo.
Como a Abraham, nos llamaste para confiar en ti dentro de la oscuridad total.
¿Cuál es la mejor decisión? No puedo encontrar una respuesta clara.
Sin embargo, mi corazón me llama a confiar en ti con cada caso.
Hay tantas cosas que pueden engañarme y corromperme, alejándome de la claridad y el discernimiento.
Como mi anhelo de vivir mis propios planes, aunque se que debo rendirlos ante ti, pues tu sabes lo que es mejor.
Así que Señor, me rindo, confió en ti y todo te lo entrego.

Mona

MARZO 21, 2000

La respuesta vino: Sigue adelante en la fe y no temas. Sin embargo, me pregunto, que traerá el mañana – ¿un milagro otra vez?

Lo que se Señor, es que nunca me fallas y una vez más me mostrarás amor y clemencia. Todo va a estar bien y tu nombre quedará en la gloria.

Mona

MARZO 23, 2000

Hosanna

El día ha acabado, tus ángeles han cantado – Hosanna al Rey de Reyes, alabémoslo, adorémoslo, levanta tus manos y alábalo.
He visto tu gloria una vez más. Aziz fue salvado una vez más.
Mientras vivo otra vez este día, confiando en ti completamente. Te entrego mi vida, todo esta en tus manos, mientras me siento y espero.
Van a operar a Aziz; me asaltan muchos pensamientos; las largas horas de lo desconocido.
Me aferro a tus promesas, de venir hacia ti cuando estoy preocupada.
Sin embargo Señor, mi corazón está ligero, pues mi espíritu y confianza están aferrados en ti, mi alma unida a ti al pasar de cada hora.

Mona

MARZO 29, 2000: ÉPOCA DE CUARESMA

Mientras me siento y reflexiono esta época de Cuaresma, mis experiencias de auto-mortificación y ayuno fueron planeadas para mi. No como lo hubiera querido, pero como lo ordenó Dios.
Tuve la experiencia de ofrecer los sacrificios que fui llamada a hacer, mientras cuidaba y me entregaba totalmente a Aziz.
Muchas veces que me usaron como una pelota que rebotaba, aventándome de lado a lado.
Nada de lo que hacía estaba correcto y sin embargo, lo hice todo por amor, cariño y preocupación.
Pero yo se, Señor, que esta Cuaresma es mi llamado para servir como Cristo lo hizo: "No vino a que le sirvieran, si no a servir."
Que privilegio es tener una oportunidad como Cristo la tuvo para lavar los pies de sus discípulos, aunque supiera que uno algún día lo iba a traicionar.
Dios, te doy gracias por tu llamado en esta Cuaresma.
Rezo para que pueda acercarme a ti, unida en tu caminata al Calvario, sabiendo que la resurrección gloriosa le espera a aquel que Él llama, pues no puede haber corona sin la cruz.

Mona

MARZO 31, 2000

Sacrificio

Señor, hoy me siento tan atada, tan cansada y controlada, golpeada y rota. Cargué con el dolor y las incomodidades de Aziz, entendiendo sus necesidades y sin embargo he alcanzando mi límite.

Nada de lo que haceia parecía estar bien y lo único con lo que me encontré fue con la decepción y la crítica.

Se que cuando el dolor es abrumador, los que están a tu alrededor soportan la laceración.

Las veces que he querido vengarme, mantuve el pensamiento muy profundo, que esta Cuaresma, mi sacrificio era uno de entrega personal.

Mantuve ante ti mi pasión; que me dio fuerzas ara seguir adelante.

Si tu perduraste – oh Rey del Universo – una laceración tan ridícula, ¿quién soy yo para quejarme?

Camino contigo hacia el Calvario y experimento la ayuda de aquellos que me aman y rezan por mi.

Se que caí algunas veces, pero siempre había una oración para levantarme. Siento que hoy he alcanzado el destino de la cruz y la lanza final, ha perforando mi costado.

Me rindo ante esta muerte hoy y se que la vida volverá a nacer

Un nuevo día va a amanecer – un nuevo día.

Mona

ABRIL 1, 2000

Un Oasis de Paz

Que mañana tan hermosa, Jesús, la naturaleza anuncia tu majestuosidad – los pájaros cantando, tan bellas canciones.
El piar del pájaro padre, posado arriba de techo, anuncia el amanecer de un nuevo día.
Los veo volar, tan libremente, con gracia, tan serenos.
El sonido del aire, la briza soplando contra los arboles, mientras se mueven de lado a lado, todo uniéndose en una sola imagen – la armonía de la vida.

El sol comienza a asomarse entre los arboles, pequeñas y suaves nubes adornan el cielo y en medio de todo eso, un avión vuela en lo alto por arriba y entre las nubes, recordándome que el hombre es parte de la creación de Dios, volando a otros destinos, con la esperanza de encontrar libertad, paz y felicidad.

Bendice este maravilloso día, Jesús; envuélvenos en tus brazos amorosos. Déjanos sentir tu abrazo amoroso, tu consuelo y tu seguridad. Yo se, Jesús, justo como dice la canción, *"Tiene a todo el mundo en sus manos – si,* Él *tiene a todo el mundo en sus manos"*.

Gracias, Jesús y te amo, Señor

Mona

ABRIL 13, 2000

Hola Jesús,

Es otra vez ese momento, en el cual espero con esperanza y anticipación.
Parece que siempre estoy tocando a tu puerta, rogándote por misericordia
conforme se presenta cada situación.
Rindo todos mis sentimientos, miedos y preocupaciones ante tu voluntad.

Señor, tu voluntad siempre es perfecta y yo confió en que harás todo en tu
honor y tu gloria.
Dale gloria a tu nombre en Aziz; déjalo experimentar tu caricia amorosa
y curativa.
Responde a su plegaria y déjalo libre de todo este dolor y complicaciones.

Señor, guía las manos de los médicos al curarlo.
Guía sus manos para proteger a Aziz de más percances.
Jesús, nunca me has fallado y ante todo, Señor, te necesito ahora para
resolver las complicaciones de Aziz.
Señor, sabes que el anhelo más grande de mi corazón es caminar por tus
pisadas en Jerusalén, donde trabajaste y te aventuraste al Calvario.
Te pido, por favor, que abras el camino para que pueda pasar por este viaje –
deja tu sagrada voluntad ser conducida en Aziz y en mi.
Gracias, Jesús, por tu amor y misericordia.

Mona

ABRIL 18, 2000

Desilusión

Querido Señor,

Han pasado días, he estado tan entumida, ¡tantos pensamientos confundidos!
¿Que traerá el mañana?
Cada día busco el manto plateado, el sol intentando asomarse – sin embargo
esperé con anticipación, sabiendo, Señor, que no me ibas a defraudar.
Siento el llamado de Abraham, de confiar en la oscuridad, de ser guiada,
de un llamado a creer.
Señor, se en lo profundo de mi corazón que tu amor por Aziz y por mi va
a superar todo.

Hoy, sentí que el sol iba a brillar, pero una nube escondió su resplandor.
Me enfrente a indecisión, mientras la oscuridad perduraba.
¿Cuál es la decisión correcta? ¡No quería poner en duda tu misericordia y
amor por nosotros! Siento mi mundo desmoronándose. Luché contra todas
mis emociones; ¿tendrían que volver a operar a Aziz?
Las posibilidades estaban en su contra; ¿cuánto más tenía que sufrir? Sin
Embargo dije, "Sagrado corazón de Jesús, pongo mi confianza en ti."

Recé por la sabiduría de los médicos en cuanto a lo que debíamos hacer.
Oh, Señor, te pido seas su guía.
Ven, Espíritu Santo, ven.
Sentí no poder soportar la tensión y la espera, cada vez que se lo llevaban
para un procedimiento médico.
El tiempo pasaba lentamente y mis pensamientos me invadían, sin embargo
intentaba que mi fe no se tambaleara.
Hoy, confió en ti Señor.
Acepto el reto del Dios de Abraham.

Mona

ABRIL 20, 2000

El Momento Final

Es otra vez ese momento de sentarse, rezar y esperar. Señor, parece que he agotado las palabras, pero parece ser que ves mis pensamientos más profundos, mis miedos, angustias y sí, incluso un poco de duda.

Mi fe se opacó, pero solo por un momento. Mientras contemplo tu pasión y recuerdo tu resurrección gloriosa.

La espera se ha acabado, por fin unas palabras de motivación y esperanza. Todo salió bien, solo paciencia y tiempo, pero tu gracia es tan necesaria.

Rodéanos de tu gloria de salvación y saca a Aziz del dolor que siente.

Todos nos cansamos, nuestros brazos están debilitados. Estira tu mano y danos firmeza, mientras continuamos nuestro viaje de espera y curación.

Te agradecemos Señor, pues has escuchado las plegarias de tu gente, como aquellos que ofrecieron la camilla para el hombre que necesitaba ser curado.

Por favor Señor, despeja el camino y dame tu divina sabiduría para hacer todas las decisiones correctas en el camino por delante.

Gracias, Señor, por estar ahí con su Santa Madre y todos los ángeles y santos.

Mona

Posible Decepción

Me había inscrito para hacer un peregrinaje a la Tierra Santa en el 2000, el año del Júbilo. Estaba tan emocionada por ir, ya que el Papa en ese entonces, Juan Pablo II, estaba dándole bendiciones especiales a aquellos que asistieran; y también era mi primera vez viajar a Jerusalén y Roma. Tenía miedo de no poder ir.

Parecía que la enfermedad y cirugía de Aziz requerían un larga recuperación y tal vez no podría dejarlo. Había rendido mi deseo de ir a la Tierra Santa y servirle al Señor.

Conforme pasaron los días, cada mañana traía nuevos pensamientos y sentimientos y mientras los pasaba a palabras, encontré consuelo al hablarle a Dios tener valor cada día. Comparto con ustedes estos sentimientos con la esperanza que cuando pasen por penas y dolor, se sientan consolados como yo, sabiendo que Dios no nos olvida.

La cirugía de su hígado fue muy complicada y experimentó mucho sufrimiento. Cinco meses, sufrió con muchos problemas de derrame de líquido biliar, que era demasiado riesgoso para operar y corregir. Su cirugía previa, en la cual le quitaron medio hígado, era tan peligrosa que los médicos estaban dudosos de hacerla.

Recé por la sabiduría de los médicos para decidir la mejor forma de enfrentar este problema. Finalmente decidieron insertar un tubo de drenaje y periódicamente administrar alcohol al área, esperanzados por lograr que la herida cerrara por si misma.

Esto significó estar pendiente del fluido y limpiar la herida para evitar infecciones. A Dios, le ofrecí mis pensamientos y preocupaciones diarias de cuidar por él y de ser un muro de fuerza que lo apoyaba. Esto siguió así hasta que, eventualmente, poco a poco después de visitar la clínica cada seis semanas, los médicos decidieron quitar el tubo de drenaje insertado en su abdomen y finalmente era libre de vivir su vida, con alegría, pena y miedo.

Siendo el hombre fuerte y esperanzado que fue, se enfocó enfoco en vivir e hizo cada esfuerzo posible para terminar la misión que el Señor le encomendó al nacer, que era, educar a su familia y asegurarse de haberles enseñado bien.

Nunca dejó que esta enfermedad lo incapacitara y lo hiciera perder esperanza y siempre era admirado por la perseverancia y fuerza que poseía.

Su naturaleza de buen humor nunca se apagó y superó su miedo ante una muerte anticipada.

En medio de todo esto, seguía sin saber si iba a poder hacer mi peregrinaje a la Tierra Santa y mi confianza y esperanza fueron probadas en una manera más profunda.

Continuamos lidiando con su recuperación y todo se llevó a cabo durante esta curación y espera. Había momentos en los que pensaba que todo iba a estar bien y me podía emocionar acerca de ir a mi peregrinaje y de repente, desarrollaría una infección y todo se vería gris.

Recuerdo haber leído esta declaración una vez:

Decepciones

Es solo la manera en que Dios dice

"Tengo algo mejor."

Se paciente…

Ten fe…

Confía en Dios…

ABRIL 29, 2000

Viaje al Calvario

Mi Dios, sabes lo acongojado que esta mi corazón hoy. No puedo esconderte nada, pues sabes todo de mi.

Levanta el peso de mi corazón y ayúdame a ver más allá de mi dolor.

Ayúdame a ver por dentro y a cambiar lo que necesita cambio.

No me dejes ver mi falta de ser entendida y ser aceptada como soy.

No me dejes encontrar excusas para mi dolor y solo déjame estar unida contigo, mientras medito sobre tu pasión y la muerte.

Gracias, Jesús, por tu amor incondicional.

Mona

Continué rezando y esperando, confiando en Dios, esperando que tal vez, solo tal vez, una luz brillara en mis pensamientos y pudiera hacer el peregrinaje.

Yo sabía, también, que Aziz no estaba dispuesto a dejarme ir, porque se sentía seguro conmigo a su lado. Dios, ¿puedo hacer a un lado mi emoción y deseo de ir a este viaje?

"Padre, en tus manos encomiendo mi espíritu" (Lucas 23:46).

Fue tan solo un día antes del viaje cuando supe que sería posible ir. Dios había ordenado que siguiera en Miami con Aziz, quien estaba bajo atención médica y que este fuera el punto de partida de mi viaje. Esto hizo posible que me uniera al grupo al último momento. Mi hija y mi cuñada se ofrecieron a quedarse con Aziz mientras estaba fuera, lo que fue otra bendición.

Las maneras de Dios no son nuestras maneras.

MAYO 11, 2000

Peregrinaje a Jerusalén

Con profunda alegría en mi corazón, me aventuré a mi peregrinaje, ansiosa de caminar en las pisadas del viaje de Jesús, ver donde nació y experimentar como una historia cobra vida. Después de una semana en Roma y experimentamos como las escrituras cobraban vida, llegamos a Israel, donde comenzó el corazón de la Cristiandad. Mientras entrabamos a la Tierra Santa, sentimos una paz profunda, mientras imaginamos a nuestro Jesús caminar por estos senderos.

Visitamos Nazaret, la iglesia de Asunción, Mt. Tabor, Capernaum Taiga (El hogar de Jesús), el Monte de las Beatitudes y el mar de Galilea. La misa se condijo en la iglesia de Asunción y el Monte de las Beatitudes.

Cada experiencia fue tan motivante y sentimos nuestra fe hacerse cada vez más profunda; le pedimos a Dios la fuerza para seguir adelante en la vida.

Fuimos a Cana, la tierra de Santa Ana y San Joaquín, padre de nuestra Sagrada Madre María y las parejas renovaron sus votos, simbólico hacia el banquete nupcial de Capernaum.

Visitamos la tumba de Lázaro y permanecí parada afuera, contemplando la opción de descender hacia la tumba.

Las palabras no pueden explicar el sentimiento que me envolvió. Sentía algo moverse dentro de mi, ya que recientemente escuché que Aziz tuvo que ser llevado nuevamente al hospital. Al prepararnos para celebrar misa, uní el sufrimiento y enfermedad de Aziz con la historia de Lázaro y sus hermanas Martha y María.

Cuando comenzó la misa volví a vivir el momento de Jesús con Martha y María: quería leer la liturgia de la palabra y esperaba que nuestra guía me lo permitiera. De repente, me di la vuelta y fui señalada para leer la primera lectura.

Fue un momento especial para mi y fueron dos de mi lecturas preferidas sobre la amistad: Sirach 6:1-17.

Fue un momento conmovedor durante la misa y decreté que Aziz iba a salir de su enfermedad y a escapar de la tumba de oscuridad y depresión, justo como Lázaro salió de la suya.

El grupo entero de cuarenta personas rezó por el y supe que Dios oyó cada plegaria por su vida.

MAYO 12, 2000

Hoy fue un momento en el tiempo, cuando hace 2,000 años, Jesús caminó por el sendero al Calvario, para ser ridiculizado, azotado, desnudado y crucificado.

Seguimos sus pisadas y tomamos turnos cargando la enorme cruz, mientras nos adentramos en su viaje.

Fue un conmovedor y espiritual momento mientras mi hermana y yo cargamos la cruz en nuestro brazo y nos imaginamos a Jesús caminando por las calles de Jerusalén, entre las multitudes, quienes le escupían. Subimos los escalones al Calvario y sentimos el amor del Señor aún más, mientras vimos la labor de amor que Él hizo por nosotros.

Fue muy significativo para nosotros, mientras escalábamos juntas, poniendo nuestros pecados y los de nuestros ancestros en la cruz, alegando libertad y vida para nuestras familias y futuras generaciones.

Nuestro viaje a Tierra Santa fue como si el tiempo se detuviera; las escrituras cobraron vida y la Biblia ya no era solo una historia, o un relato, sino una realidad de vida pasada y presente, además de conocer y comprender al hombre llamado Jesús. Mi amor por Jesús se intensificó de una manera inimaginable y mi deseo de servir y complacer, a quien hizo todo eso por mi, aumentó.

MAYO 20, 2000

El Regalo de la Amistad

A lo largo de la vida, experimentamos lo regalos de Dios en forma de amigos. Vemos como Jesús sintió la necesidad de tener personas que se aventuraran con el, para ser su fuente de fuerza. Mientras que dependía de su Santo Padre para obtener valentía y fuerza, en su humanidad, Él necesitaba un toque de amor de parte de aquellos a su alrededor.

Sus discípulos eran sus compañeros que viajaban con Él a donde era mandado, para ayudar y curar a otros.

En este viaje, Él experimento las alegrías y las penas de la amistad, la traición y apoyo y finalmente, rechazo y muerte. Se nos recuerda que Dios conoce nuestras necesidades y nos manda personas para que estén con nosotros en nuestro viaje, como Simón, quien ayudó a Jesús a cargar su cruz.

Cada amigo tiene algo diferente que ofrecer, e incluso en esto, somos llamados a aceptar, amar y aceptar y a ser un rayo de esperanza en la vida, en medio de nuestras propias penas. Mi fiel amiga, quien vino a mi después de la muerte de mi amiga de la infancia, se aventuró junto a mi, mientras que yo me encargaba de deshacerme de sus penas, intenté mantener su espíritu en alto y asegurarla en los brazos de Jesús.

Un Tributo a mi Amiga

Todavía recuerdo ese día hace mucho tiempo, cuando algo sucedió, cuando el tiempo se detuvo y el contacto que sentí.

Sucedió algo que nadie pudo comprender, excepto las dos. Nuestras vidas estaban entrelazadas una forma especial y divina, un regalo del cielo, un regalo dado por alguien que fue arrancado demasiado rápido.

Ahí inició un viaje de amistad, doloroso y al mismo tiempo lleno de alegría; el espíritu de alguien capaz de descubrir todas las emociones escondidas del mundo.

Alguien que era cariñosa, amorosa, libre y talentosa.

¿Quién puede imaginarse un mundo sin amistad?
"Un amigo fiel es el elixir de vida" (Sirach 6-16)

Mi amiga era para toda la vida, hasta que un día, Dios lo decidió de otra manera.

"Un amigo fiel es un refugio seguro: quien ha encontrado uno, ha encontrado un tesoro" (Sirach 6:14).

¡Muchos podrán decir que es muy doloroso y no vale la pena!
Muchos podrán construir paredes que nunca caigan.

¡Que triste es dar por vencida una unión que amigos verdaderos comparten en compañía uno del otro!

A veces, no se necesitan palabras, donde todas las pretensiones de eliminan y las máscaras se quitan, un tiempo en el que ser, es solo, ser.

Un momento libre donde uno puede verdaderamente ser real y los pensamientos del otro son evidentes.

La emoción que se siente cuando estar juntos es suficiente, ver un película, tomarse un café, tiene un gran significado en este mundo tan agitado.

Tiempos en los que la tristeza era menos, porque alguien enserio sentía tu dolor más profundo.

Una voz que te consolaba y te motivaba, un hombro para recargarse.

"No hay nada tan preciado como un amigo fiel y ninguna escala puede medir su excelencia" (Sirach 6;15)

La naturaleza implora armonía, un mundo que necesita amistad, un mundo donde los líderes pueden ser amigos, naciones unificadas, hermanos y hermanas amándose mutuamente.

Un mundo donde el león y el cachorro descansan juntos, los pájaros en el aire, las flores en los prados, todos necesitándose el uno al otro, para florecer.

La amistad es la imagen de la vida siendo vivida, donde se comparten los sentimientos, se sienten las diferencias y los corazones se unen y aman.

El Maestro divino ha tejido los hilos de la amistad, los cuales Él compartió con aquellos que Él escogió y no hay emoción que el Padre, Hijo y Espíritu Santo no sienta en su unión como uno sólo.

La fidelidad que Él mantuvo con aquellos que lo ridiculizaron y escupieron y finalmente lo traicionaron, es un ejemplo para todos nosotros.

Le dio la bienvenida al ladrón a su derecha y lo invitó a compartir su gloria, finalmente se vació a si mismo y le dio la bienvenida.

La amistad, es vida compartida. Amor roto, derramado y vuelto a formar.

La amistad es el centro de la vida y **"quien le teme al Señor hace amigos verdaderos, pues como es un hombre, también lo son sus amigos" (Sirach 6:17).**

Gracias, amiga mía, por el regalo que eres; por tu amor y por tu apoyo; solo por ser tu: Hermosa y cálida, rota y remendada, por ser mi sol, "un botón de oro floreciendo."

Mona

Entre todos nuestros viajes en la vida, se nos llama a todos a extender nuestras manos y no solo tenerlas rodeándonos. Se nos dan oportunidades de ser Cristianos y ayudar a aquellos que Dios pone en nuestro camino. Mi Viaje con mi amiga me ayudó a entender que a todos se nos da una cruz para cargarla y podemos hacer lo que hizo Simón, quien ayudó a Jesús a cargar su cruz.

JUNIO 2000

Las Vueltas de la Vida

Mientras te veo a ti, amigo, manejar la vida con sus vueltas y desviaciones, veo tus miedos, dudas e incertidumbres.

Como anhelo guiarte a través de ella, pero ha llegado el momento en el que debes recorrer el camino tu sola.

Los errores que debes cometer y los caminos incorrectos que vas a tomar. El dolor que veo que sigues soportando, alguno ya superado, otros todavía debes sentir.

Mis ojos te siguen y anhelan guiarte, pero es solo al caerte que realmente vas a crecer. Te has vuelto más fuerte en muchos sentidos y le doy gracias a Dios por la distancia que has recorrido.

Trato de caminar en silencio detrás de ti, aunque es muy difícil a veces. Anhelo ver las cadenas que te atan, romperse. Y espero ver tu alegría en la verdadera libertad.

Te veo y te imagino volando en alas de águila. Que alegría siento al imaginarme esto.

Le doy gracias a Dios por las veces en las que he estado ahí para ti.

Le doy gracias a Dios por las veces en las que pude aliviar tus penas y te hice saber que le importabas a alguien.

Doy gracias a Dios por dignarse a entregar su amor por ti, porque tu eres su gema preciada, hecha para brillar en la oscuridad, en todos los confines de la tierra.

Amiga, al retroceder por estos 6 años en mi memoria, recuerdo todos los momentos que hemos compartido, tanto dolorosos como alegres; momentos en los que crecimos. Tiempos ociosos en lo que capturamos el espíritu del gran Dios que nos unió. Esos profundos momentos espirituales donde solo conocíamos el regalo que se nos había otorgado.

En este momento tan preciado, te veo parada, rodeada del dolor de tu vida y aún así brillando con el porvenir, sin duda de que tu Maestro te ha llamado, porque Él tiene un plan para ti.

Como un pequeño bebé que debe crecer, cometer errores, aprender lecciones y luego embarcarse en el camino de la vida, también yo te imploro ir hacia delante en el amor y la fuerza del gran Maestro.

Siempre estaré a tu lado, lista para levantarte cuando estés débil, ahí para aconsejarte, si me lo pides, ahí para limpiar tus lágrimas cuando llores, para aplaudirte cuando cantes y estar ahí cuando me llames.

Que nuestra amistad se enriquezca con el amor de Dios y su Bendita Madre. Que siempre seamos un rayo de luz para todo aquel que vea y que a Él se le otorgue la gloria por todas las cosas que ha hecho en nuestras vidas.

Mona

JULIO 2000

Dentro de mi una voz canta la música del cielo.
Una voz canta – hay alguien ahí – estas ahí, una voz que gime en dolor y pena.
La noche está tranquila y el sonido de la música la atormenta.
Una voz tocada por Dios, bendecida, tocada por un Ángel.
Una voz que trae consuelo en su dolor y toca el alma profundamente.

Mona

DICIEMBRE 26, 2000

Querido Señor, este gran año de Jubileo está llegando a su fin; nunca me hubiera imaginado que un año destinado a tener tantas cosas buenas haya acabado en eventos tan trágicos. Aun así Señor, aprovechamos todo lo bueno junto con lo no tan bueno y sabemos que estás con nosotros siempre y no hay nada que nos pueda derrumbar, una ves que te favorecemos.

Gracias, Señor, por los regalos en este Año de Jubileo.

Mona

MARZO 29, 2001: ÉPOCA DE CUARESMA

Desnudada

Mi Dios, sabes lo pesado que está mi corazón esta noche. No puedo esconderte nada de ti, puesto que me conoces de todo a todo.
Levanta el peso de mi corazón y ayúdame a ver más allá de mi dolor y sufrimiento.

Ayúdame a ver dentro de mi y cambiar lo que necesita cambiarse. Déjame experimentar el dolor de no ser comprendida ni aceptada por lo que soy. No me dejes encontrar excusas para mi dolor, pero permíteme estar contigo mientras reflexiono acerca de tu pasión y la muerte.
Gracias, Jesús, Por tu amor incondicional.

Mona

ABRIL 15, 2001: DOMINGO DE PASCUA

Ser Resucitado

Señor, hoy se supone que debo celebrar tu gloriosa resurrección. Sin embargo, sigo sintiendo la tristeza de tu Madre, quien se aguantó en silencio mientras su hijo sufría por su pasión. Yo, al igual, siento esa tristeza en silencio por mi hijo. Sus amigos lo han traicionado; hacen un ridículo de el. Señor, mientras observo con dolor, anhelo defenderlo. Siento enojo y dolor. Quiero ridiculizarlos. Sé que el tiempo no ha llegado. Imploro a tu gracia para esperar, sabiendo que tu misericordia rodea a mi hijo y tu gracia lo envuelve como un manto protector. Señor, confió en tu misericordia y amor. Rezo, Señor, que llegue a sentir tu consuelo y tu abrazo de sanación. Jesús, abraza a mi hija también, mientras se aventura por una época de oscuridad. Déjala experimentar el escapar de una tumba, porque tus rayos de resurrección calientan cuerpo, mente y alma. Sagrado Corazón de Jesús y Corazón Inmaculado de María, te encomiendo a mis hijos.

Mona

"Donde hay amor, el corazón es ligero. Donde hay amor, el día es brillante. Donde hay amor, hay una canción, para ayudar cuando las cosas están mal. Donde hay amor, hay una sonrisa, para hacer todas las cosas valer la pena. Donde hay amor, hay paz silenciosa, un lugar tranquilo donde la conmoción cesa. El amor cambia la oscuridad a luz y hace que el corazón vuele.

"Oh que bendecidos son los que caminan en amor, también caminan con Dios arriba de ellos. Pues Dios es amor y a través del amor y solo a través del amor, el hombre encuentra la alegría de los santos celestiales." [20]

Helen Steiner Rice

"¿Acaso dos personas caminan juntas, a menos que hayan hecho una cita?" (Amos 3:3).

---

[20] Helen Steiner Rice, *Where there is Love.*

NOVIEMBRE 5, 2002

Olvidada

¡El tiempo parece estar estancado, parece haber transcurrido casi una eternidad, pensamientos vienen y van, ninguno escrito – perdidos, robados!
¿Señor, en realidad no te he escrito en tanto tiempo?
Parece estar pasando de nuevo, como sucedió muchas veces antes.
Una y otra vez, recuerdo lo que viviste: rechazo, ridículo, malentendidos y acusaciones falsas.
¡Me impresiono ante tu fuerza!

Últimamente, parezco caer más y más bajo el peso de esta cruz. Sin embargo, oigo tu llamado: "Recoge tu cruz y sígueme."
Estoy intentando, Señor, tenme paciencia, pues los pensamientos me sobrepasan. ¡Estoy segura que tu lo sentiste igual! Yo se que llamaste, "Padre, toma esta copa, no mi voluntad si no la tuya se hará."
Si Padre, acepto esta cruz, ayúdame a cargarla. Recuerdo tu invitación hace once años y aunque entonces no lo haya comprendido, estoy segura de haber aceptado.
Concédeme la gracia, la fuerza y ante todo la alegría, pues tu me has invitado.

Mona

ENERO 25, 2003

El Cielo

Vi un lugar llamado Cielo, donde las nubes eran cobijas de nieve.
Un hogar lejos de casa, donde no existía ni el dolor ni el sufrimiento.
Un lugar donde solo fluía la dulzura.
La esperanza se desbordaba; alegría llenaba el corazón a reventar.
Un lugar donde solo la risa se escuchaba,
No llanto, ni miedo, ni hambre.
Un hogar, dulce hogar.
Un lugar para descansar el alma, todas las manos unidas, por siempre alabando a Dios.
Hogar, dulce Hogar.
Un Lugar llamado Cielo.

Mona

JUNIO 2006

Creación

Inmediatamente el mundo va;
Vacío y sin frutos.
Mientras el hombre evoluciona de sí mismo, aún así Dios crea su propia destrucción.
Dios vocifera la salvación,
¡Oh! Ese hombre escucharía… ver la belleza de un mundo creado de alegría.
Destruido por la percepción del hombre, de alegría he haber sido:
Pureza, totalidad y riqueza.
Ahora la avaricia, la envidia y en conflicto nos rodean
Sin embargo, para esos que todavía ven en la oscuridad la esperanza de una luz que despunta, de un niño por nacer. Un salvador llegará a nosotros, día con día para salvar la tierra rota, el corazón roto, un hogar roto.

Mona

ABRIL 20, 2007

Peregrinaje a las Capillas de Francia

Cada año, nuestro grupo religioso viaja a un peregrinaje y usualmente intentaba ir. Este año, estaba feliz de que Dios me permitiera asistir; la vida en el hogar era aburrida. Al comenzar nuestro viaje, el padre elegido para ir con nosotros nos dio un mensaje para llevar con nosotros durante todo el tiempo que pasáramos con el Señor, lejanos de la conmoción del mundo.

"Esta mi temporada, mi tiempo, mi bendición"

Mi Oración

Bendita Madre, continuo mi compromiso contigo. Guíame hasta el corazón de tu hijo, Jesús, que junto contigo creceré en fuerza. Señor, gracias por salvar mi vida y brindarme la gracia para serte fiel. En ti encuentro consuelo y paz. Gracias por salvar mi vida y darme la gracia de permanecer fiel a ti. Que mi corazón lata como uno solo contigo, mientras espero tu gloria para ver los cielos abrirse y tu gloria descender. Dame un corazón para entender el amor que sientes por mi hasta que se de la unión de nuestros corazones.

Las bendiciones de mis hijos son perlas preciosas que tu me has dado. Los atesoraré y mantendré cerca de tu corazón y el corazón de tu Madre hasta el día que regresen a ti. Bendice y mantenlos a salvo de todo el peligro y daño; que te glorifiquen en sus vidas.

Amen.

Mona

Regresé a casa y estaba llena del Espíritu Santo de mi peregrinaje y entré nuevamente a mi vida como madre, esposa y amiga. Había rezado tanto en mi viaje por las bendiciones de Dios y por la protección a ser derramada sobre mi familia y esperé su respuesta a todas mis plegarias.

Sentí la paz profunda de mi Dios y un incremento en mi fe que me ayudó a enfrentar los eventos diarios de mi vida y la voluntad de Dios para cada día.

Algunos meses después, recibimos las buenas noticias de que mi hija, Rhonda, estaba embarazada; una alegría profunda lleno nuestros corazones, especialmente porque pensaba que nunca pasaría. Aziz y yo aceptamos esta noticia y comenzamos a anticipar el momento en el que seríamos abuelos.

Capítulo 6

Purificado en el Crematorio

SEPTIEMBRE 2007

El Nacimiento Milagroso

E l viaje de fe continuaba....
Tiempo atrás, Rhonda y Peter intentaron concebir, pero no lograron conseguirlo por algunos años. ¡Finalmente, concibió y descubrió que estaba embarazada de gemelos! Todos rezamos por un embarazo sin contratiempos. Había duda sobre el éxito del embarazo debido a todas las dificultades por las que habían pasado hasta ese punto. La pareja dudaba…

Que difícil es creer sin ver, pero el llamado de Abram también nos recuerda sobre la confianza incondicional hacia un Padre, quien nos ama y solo quiere lo mejor para Sus hijos.

Un llamado a una fe más profunda se hacia patente – lo desconocido por los siguientes nueve meses. Dios estaba trabajando la tierra en preparación para los frutos de su gloria. Tantas veces pensamos, ¿nos quitarían esta alegría?

DICIEMBRE 31, 2007

Una Crisis Inesperada

"¿Acaso no les dije que si creían verían la gloria de Dios?" (Juan 11:40).

Era la última noche del año: Año Nuevo. El mundo estaba preparándose para dejar lo viejo y comenzar lo nuevo. Si, era un nuevo viaje y un nuevo año a punto de empezar. Pero nunca me esperé que comenzara de una manera oscura y fría. Una llamada telefónica hizo que nuestro mundo se detuviera. Rhonda, nuestra querida hija y sus bebés casi se escapan de este mundo, pareciendo acabar junto con el año.

> El tiempo se detuvo
> Algo estaba mal
> ¡Sólo Dios sabía!

Cuando Aziz llegó a casa del trabajo, entró al pasillo de nuestros cuartos y al abrir la puerta, encontró a Rhonda en el piso, casi inconsciente. El miedo se apoderó de él, al llamar a nuestra hija Karlene y su prometido Mathew. Pudieron recostarla en su cama y contemplaron con sobresalto como se convulsionaba. Su esposo Peter llegó a la habitación para ver como su esposa luchaba por su vida.

Inmediatamente, dentro de los humanamente posible, corrimos hacia su lado. De alguna forma su vida se desvanecía. La rocié con agua bendita, rezado y pidiendo a Dios que la salvara. Llamé a la fuerzas divinas: "Señor, tu eres un Dios que salva, ven, Señor Jesús, Salva a mi hija y a sus pequeños."

Llame a Lisa, mi querida prima y con miedo en mi voz, le pedí que llamara a una ambulancia. Inmediatamente se encontró a la Dra. Jackie Sabga, nuestro médico familiar y se dirigieron hacia nuestra casa. Dios ya había iniciado su intervención Divina. Al llegar al lado de la cama donde estaba Rhonda, el médico la revisó y determinó que era urgente llevarla al hospital. Estaba experimentando múltiples convulsiones y un posible ataque cardíaco. Al ver esto, la escena de mi hija en problemas, mi fe y mi fuerza aumentaron y le pedí a Dios que actuara rápidamente. La Dra. Sabga sabía que el tiempo se agotaba y que era necesario llevarla de inmediato al hospital, de lo contrario ella no sobreviviría. Ella miró a mi prima y decidieron no esperar a la ambulancia. Tiempos drásticos requieren medidas drásticas. Los hombres levantaron a Rhonda y la colocaron en el auto de mi prima.

Gracias a las habilidades al volante de mi amiga y con la ayuda del médico familiar, llegamos al hospital a pesar del tráfico de un día complicado. Debido a la urgencia, mi prima transitó en sentido contrario por la vía para llegar antes al hospital. Los autos venían es sentido contrario, las personas seguramente pensaban que mi prima estaba loca, sin tener idea de lo que sucedía. En algún punto la Dra. bajó del auto para desviar a los autos. Parecía una escena de película, pero el hecho era que debían llegar al hospital cuanto antes. Siempre estaré agradecida con ellos por todo lo que hicieron para salvarle la vida y como Dios eligió a cada persona para esta historia. Gracias Lisa y gracias Dra. Jackie Sabga. Gracias a todos.

Los eventos que siguieron no tenían precedente. Dios intervino; el Gran Médico estaba a cargo. Él orquestó los pasos necesarios para salvar la vida de Su hija y sus pequeños, a los que había creado y formado en su vientre: los gemelos.

Mientras los médicos planeaban una secuencia de pasos para salvar la vida de Rhonda, Dios continuaba poniendo bloqueos el camino. Estos obstáculos se convirtieron en escalones.

Nuestra comunidad estaba sacudida, las personas llegaban al hospital, todos estaban atónitos, con miedo ante un desenlace fatal en este último día del 2007.

Mi fe se vio acrecentada y más profunda cuando llamaba a Dios, quine nunca me ha fallado.

Proclamé las palabras una y otra vez hacia la multitud, llamando a Dios, cuya misericordia salva, eso lo se.

Cuando me arrodillé para rezar, las palabras de esta canción vinieron a mi mente:

Jesús, tu nombre es Poder –
Jesús, tu nombre el Vida –
Jesús, tu nombre libera al cautivo –
Jesús, tu nombre es Vida –
Jesús, tu nombre es Gloria –
Jesús, tu nombre trae Visión –
Jesús, tu nombre por encima de todo –
Jesús, tu nombre es Vida.

Arrodillada, rece esa canción, tomando las manos de mi yerno Peter, que estaba quebrado y perdiendo fe. ¿Perdería a su amada?

El miedo, la ansiedad y la idea de perder a su bebés se apoderaron de él y el mundo se le derrumbaba. Continúe rezando la canción y sabía que Dios los vería con misericordia. Toda nuestra familia nos rodeaba y tratábamos de aferrarnos a la fe que nos quedaba.

Los médicos luchaban para salvar la vida de mi hija; no se pensaba mucho en los bebés. El tiempo era corto. No había un adecuado cuerpo de enfermeras y no había un cuarto de terapia intensiva, por lo que fue necesario trasladarla a otro hospital para estar preparados para el desastre de abortar a las dos vidas que crecían en su vientre – esa parecía ser la mejor decisión para salvarle la vida.

El pronóstico no era bueno y su condición era crítica.

Poco sabía acerca de la idea que Dios estaba poniendo obstáculos para retrasar la cirugía.

Al darme cuenta de la realidad, mi fe creció y sabía que todos aquellos que pidieron ayuda en nombre del Señor serían salvados. Los médicos estaban escépticos sobre sus posibilidades de vida.

Recuerdo que cuando yo salí de cuidados intensivos años atrás, observé a las personas que se habían congregado a mi alrededor, todos consternados y listos para enfrentar ese viaje con nosotros. Parientes, amigos cercanos, todos consternados, sentían quebrarse y estaban afligidos.

Sabía que si hay algo que mueve montañas, era la oración y al llegar al otro hospital, le pedí a todos los presentes que se arrodillaran y rezaran porque la vida de Rhonda fuera salvada. En ese momento, se tomó la decisión de abortar a los bebés para que ella pudiera vivir.

Mi fe y confianza en Dios crecieron en ese momento y supe: *Mi Dios no me va a fallar.*

Al llegar a este segundo hospital, fuimos llamados a una reunión con los médicos. Mi hijo Dominic y yo nos reunimos con ellos y fuimos informados que la decisión estaba en nuestras manos. Necesitaban nuestro consentimiento para terminar con el embarazo de Rhonda. Miramos a los seis médicos que nos rodeaban y todos ellos coincidían en una cosa: "Terminar el embarazo."

Miedo, cuestionamientos y pensamientos me torturaban.

¿Cómo enfrentará ella la decisión que tomamos?

¿La entenderá?

El amor que ya sentía por su bebés nonatos ya era intenso.

Estaba atrapada en un torbellino de emociones y en el fondo, quería aventurarme y no acceder a la cirugía, pero no podía. ¿Qué pasaría si no se llevaba a cabo y posteriormente a ella le sucediera algo terrible? ¿Sería yo responsable? Así pues, se tomó la decisión de terminar el embarazo para salvarle la vida.

En el fondo de mi corazón, desesperadamente quería decirles que no procedieran con el aborto, pero mis miedos humanos sobrepasaron mi fe profunda. Al mismo tiempo, la gente afuera estaba de rodillas rezando y clamando la misericordia de Dios. Dios sabía y entonces sucedió un momento de intervención divina.

Otro médico de la familia, el Dr. Michael Moses llamó a un neurólogo en Miami y le explicó la secuencia de eventos. Decidieron hacer una resonancia magnética antes de la cirugía, porque algunas cosas en su diagnóstico no encajaban.

Pensaban que sus síntomas se presentaban como pre-eclampsia, sin embargo faltaba un síntoma para confirmarlo con certeza.

Esperamos los resultados de la resonancia magnética; el médico de Miami nos comentó que el tiempo se detuvo durante la espera de los resultados y sintió un aura divina que lo rodeaba, sintió un profundo silencio. En ese silencio escuchó una voz que decía: *"No termines el embarazo, es una niña y un niño."*

En ese momento, recibimos una llamada del neurólogo de Miami para discutir los resultados de la resonancia magnética.

Instantáneamente, el médico de Miami dijo: "Su condición no es pre-eclampsia. No procedan con el aborto." Su afirmación nos tomó a todos por sorpresa y los médicos no estaban seguros sobre como proceder. Todos, los médicos y nosotros, nos sentamos en la sala de juntas con un expresión de sorpresa.

Mientras tanto, su ginecólogo, venía en camino al quirófano para preparar la cirugía. Se había dado la orden y corrimos para detener la médico que se estaba preparando para la cirugía de Rhonda. Cuando estaba a punto de entrar al quirófano lo interceptamos y le pedimos que esperara.

Yo creo que en ese momento el cielo se abrió y la sabiduría descendió sobre todos los involucrados. Todo este tiempo, las personas que nos acompañaron al hospital, estaban arrodillados en la sala de espera rezando por la vida Rhonda y por su seguridad.

Dios tenía un plan especial y estaba a punto de revelarlo – un testimonio del gran amor de Dios y su misericordia y la señal para nosotros sobre el poder de la oración, cuando nos unimos con el corazón para un fin común. Él había escuchado las oraciones y peticiones de todos para salvarla a ella y a sus bebés. Estaba destinado a vivir y contar la historia del milagro de su vida.

Después, los médicos continuaron estabilizando su condición para transportarla por avión a Miami para un tratamiento médico, con la esperanza de poder hacer algo y ayudarla en su condición actual.

Los preparativos eran complicados, sin embargo, gracias a otro ángel que Dios puso en nuestros camino, se pudo superar todo obstáculo y conseguir una ambulancia aérea en menos de 24 horas. Gracias Andrew.

Los médicos hicieron todo lo que estaba en sus manos para mantenerla estable y con posibilidades de volar hacia el hospital de Miami. Sabía que Dios estaba guiándolos y protegiéndola a ella.

Nuevamente, el tiempo se detuvo…

Finalmente la ambulancia llegó y Rhonda fue trasladada fuera del hospital para encontrarse con la ambulancia aérea. Ahí fue recibida por los médicos y las enfermeras a bordo de la ambulancia. Yo me preguntaba: "¿Será posible mantenerla sedada para llegar a su destino? Señor, toma el asunto en tus manos"

Todos los que se habían reunido afuera del hospital tenían cara de consternación. ¿Qué sucedería? ¿Sobreviviría Rhonda el viaje? Lo bebés, ¿se verían afectados por la múltiples convulsiones y medicamentos?

Preguntas, preguntas.

Aziz, el padre de Rhonda, estaba devastado y con el corazón roto; se veía tan perdido y asustado al ver como transportaban a su hija a la ambulancia que la llevaría a Miami.

Su esposo Peter, su hermano Dominic, su hermana Karlene y su prometido Mathew, consolaron a Aziz tratando de ser valientes, esperanzados que sobreviviera el traslado aéreo y confiando en que Dios tomaría las riendas y la protegiera como hasta ahora. Mi hijo Dominic se volteó y me dijo con profunda emoción: "Si ahora te desmoronas, todos perderemos la esperanza."

Aziz se sostuvo de mi prima Lisa y pidió con ella que Rhonda regresara con bien a casa. Ella viajaría con el esposo de mi hija al día siguiente para encontrarnos en el hospital de Miami.

Fue un momento muy conmovedor, el ver las emociones de todos los reunidos y traté de no desmoronarme, porque todos buscaban en mi la fortaleza y el consuelo.

Les prometí que todo saldría bien con Rhonda y les recordé que nuestro Padre divino es un Dios de misericordia y amor.

Abordamos el avión e iniciamos el viaje a Florida. Solo una persona podía viajar con las enfermeras y yo quería estar cerca de Rhonda para asegurarme que ella sintiera la presencia de un ser querido cerca de ella. Solo me permitieron llevar una bolsa de papel con algunas pertenencias y aprendí en ese momento lo fácil que es desprenderse de las cosas materiales. Las siguientes cinco horas fueron una pesadilla. La aeronave solo podía transportar a dos médicos y a nosotros.

Rhonda había sido sedada y entubada para asegurar que no tuviera más convulsiones. Al personal de la ambulancia le ofrecieron medicamento extra para mantenerla sedada, pero se reusaron diciendo que ya tenían suficiente. Sin embargo, conforme progresaba el vuelo, el medicamento se terminaba y el terror se apoderó de mi al ver que Rhonda se despertaba de la anestesia e intentaba quitarse el tubo de la garganta.

Yo estaba en la parte posterior del avión deteniendo su pies, tratando de mantenerla balanceada a ella y la camilla dentro del avión.

Recé desde lo más profundo de mi corazón por la protección y seguridad de Dios, pidiéndole a Él que protegiera a los bebés de cualquier trauma. Parecía un viaje eterno hacia nuestro destino, sin embargo la gracia de Dios me sostuvo. Rhonda era cargada en el pecho de nuestra Santa Madre y los ángeles nos rodeaban.

Finalmente aterrizamos y fue llevada directamente al hospital y a la unidad de cuidados intensivos. Fuimos recibidas por nuestro médico familiar, el Dr. Joseph Hadeed y nuestro neurólogo, Sr. Abe Chamely, quien tenía todo dispuesto para su llegada.

Gracias, Jesús, nunca me fallas.

Hubo momentos de mucho miedo e incertidumbre sobre el desenlace, pero mi fe se incrementaba ya que sé que nada es imposible para Dios.

"Hoy '**caminamos por Fe y no por Visión**' (**2 Corintios 5:7**). Lo percibimos a Él que está con nosotros. ¡La nuestra no es una confianza ciega, es una confianza probada que vemos! Caminamos por la fe y tenemos una visión espiritual." [21]

Francis Frangipane

"**Pero no he perdido la confianza, porque yo se en quien he puesto mi fe y no tengo duda en lo mas mínimo de que Él es capas de lograr todo lo que le he encomendado, hasta ese día**" (**2 Timoteo 1:12**)

Peter permaneció a su lado durante todos los eventos y juntos comenzaron su viaje en fe a través de la oscuridad que estaba por venir. Después de diez días de estar hospitalizada y sometida a exámenes, nos informaron que las convulsiones y los terribles episodios habían sido el resultado de un tumor cerebral, encontrado en la parte frontal de su cabeza.

No podemos explicar los pensamientos y miedos que cruzaron por nuestra mente, porque había posibilidad de que fuera cancerígeno.

El viaje parecía sin final e incierto y fuimos llamados a lo más profundo de la fe, rindiendo todo ante Dios, un Dios que yo sabía que nos daría misericordia.

Mientras tanto, los médicos planeaban dejar progresar el embarazo y fue sometida una vez más a estar completamente en reposo en cama, hasta que fuera tiempo de dar a luz. Después de eso, tendrán que tomar una decisión en como lidiar con el tumor.

Después de salir del hospital, nos quedamos en casa de mi hermana en Miami; éramos afortunados de que Joseph, su esposo, fuera un médico y era un gran alivio tenerlo cerca. Dios había ordenado que tuviéramos el

---

[21]   Francis Frangipane, *http://www.frangipane.org/*

amor y apoyo de Joseph y mi hermana a nuestro alrededor para ayudarnos en estos momentos difíciles. Por suerte, el neurólogo de la familia también vivía cerca de ahí.

Algunos días, Rhonda tenía mini convulsiones y revivíamos ese horrible día cuando todo comenzó. Nos turnábamos para quedarnos con ella, monitoreándola, lo cual era indispensable para su bienestar y el de los bebés. Había muchas noches sin dormir para todos nosotros y su dolor era horrible de presenciar.

Yo mantuve la fe, implorándole a Dios que cumpliera su promesa hacia a ella. Yo sabía que Dios no la habría traído tan lejos para dejar que algo malo le pasara. Cada día, sacábamos fuerza de nuestras lecturas diarias, una en particular de un libro que Karlene me había regalado esa Navidad.

Todo parecía acomodarse para ayudarnos a superar eso y sin embargo con cada día que pasaba y reflexionando sobre los eventos ocurridos, nos dábamos cuenta de que nada está en nuestras manos y que teníamos que rendir a Dios todos nuestros miedos acerca del futuro.

El tiempo que pasamos juntos en casa de mi hermana nos hizo más unidos. Nos ayudábamos en nuestros momentos de necesidad.

De cada situación mala, Dios hace el bien. ¡Florece donde seas plantado!

No tenía ninguna intención de regresar a casa, pues sabía que mi misión era estar con Rhonda, ayudándola y motivándola a través de todo. Aziz tampoco quería que me fuera de su lado y nos visitaba de vez en cuando. Es en momentos como este, que experimentamos el poco significado de las cosas materiales, los lugares y los eventos que pensábamos eran importantes.

Nadie pudo haberse imaginado los miedos, malestares y dolor de Rhonda. Sus noches eran tan insoportables y sin embargo ella perduró, por las dos vidas dentro de ella y por el deseo de que algún día, ella y Peter pudieran cargar a sus bebés en sus brazos. Esperamos pacientemente, mientras visitaba al médico semanalmente, hasta el día en que tuviera que dar a luz a su pequeños.

Karlene se preparaba para casarse en Marzo del 2008 y mientras pasaba todo esto, continuamos planeando su boda, que iba a ser en Miami. Era algo traumático para ella, pues estaba llena de incertidumbre y miedo de que Rhonda no iba a poder estar ahí. Estaba preocupada por su salud y bienestar. Intentaba estar tan alegre como todas las novias deben serlo, así mismo intentaba estar llena de fe, confiando en que Dios iba a acabar el milagro que Él había empezado.

Tenía que compartir mi tiempo, alegrías y penas y sabía que Dios me cargaría en sus manos y me daría el poder de dividir mi amor de madre entre mis hijas, mientras se acercaban días muy importantes de sus vidas. Me acerqué a la fortaleza de Dios, pues yo sabía que nunca me daría más de lo que pudiera soportar. Él había prometido que su gracia iba a ser suficiente, lo único importante era seguir glorificándolo en mi vida y presenciar su fe.

Había momentos en los que estábamos seguros que Rhonda estaba lista para dar a luz y el miedo de no poder llegar a la boda de su hermana estaba en nuestras mentes. Los médicos estaban dudosos de dejarla asistir a la boda y le dieron la elección de asistir a la misa o la recepción de la boda. Era un tiempo emotivo para amabas y la alegría de poder estar en la boda de su única hermana se convirtió en una elección. Finalmente, eligió ser parte de la recepción y no la misa y pusimos nuestra confianza en que Dios la protegería el día de la boda.

Una vez más, Dios nos enseñó que nos llevaba en sus manos. Todos la pasamos maravillosamente bien en la boda y un nuevo capítulo comenzó en sus vidas.

Diez días después, Rhonda dio a luz a mis primeros nietos, quienes casi perdí: Un hermoso niño y una niña angelical. Todos estuvimos ahí para presenciar ese glorioso evento. Era una celebración doble, pues ambos nacieron en mi cumpleaños, el 10 de abril. Mi alegría era inmensa.

Ambos lados de la familia se reunieron para darle la bienvenida a estos preciados regalos. *Que sea de Dios la gloria, por las maravillosas cosas que Él ha hecho.*

Nadie se compara con Él y ningún milagro se compara con esto.

La primera etapa de este viaje había terminado y otra había comenzado.

Los bebés permanecieron en el hospital por un rato, para asegurar que su salud estaba bien. Tuvimos nuestros dudas y miedos sobre la salud de los bebés cuando Rhonda se convulsionaba, pero solo el tiempo lo diría.

Nuestro recién nacido, llamado Anthony Peter, permaneció diez días en el hospital hasta que los médicos lo dieron de alta. Mientras sus padres salieron del hospital con él en sus brazos, la alegría que sintieron superó todos esos meses de miedo.

Nuestra pequeña niña, Elizabeth Ann, tuvo que permanecer en la incubadora porque aún no se alimentaba ni respondía lo suficientemente bien. Nuestros corazones sufrían con gran pesadez, pues no sabíamos si todo iba a salir bien con ella. Nuestras oraciones continuaban para su rápida mejoría.

Una semana se convirtió en muchas y vimos y esperamos más señales de mejoría en Elizabeth. Tuvo que ser trasladada a un hospital especializado en niños y los pediatras vieron que había algo más serio relacionado a su desarrollo y comenzaron una serie de estudios para determinar su diagnóstico. La alegría que experimentamos al principio comenzó a decrecer conforme vimos que nuestra pequeña Elizabeth iba a enfrentar algunos retos y nosotros también.

Dios no nos da más de lo que podemos soportar y Su gloria es suficiente para nosotros.

Como Karlene había estado viviendo en Florida, fue aún más fácil quedarnos en Miami con ella durante las seis semanas después del parto. Ahí me di cuenta que estaba en los planes de Dios dejarla vivir Miami, aunque entonces no estuviéramos de acuerdo con la idea.

Dios nos mostró que *nuestros pensamientos no son Sus pensamientos y lo que necesitamos es confiar, confiar, confiar.*

Durante las semanas siguientes, visitamos a Elizabeth Ann en el hospital todos los días, cargándola y asegurando que sintiera el amor y el compromiso que teníamos hacia ella. Tenía una mirada tan angelical y ya veíamos lo especial que iba a ser al crecer. Fue escogida para glorificar al Señor y para volverse parte de Su plan de proclamar que Dios reina y que los milagros existentes.

Otro viaje en el Desierto de Sanación se desarrolló y fuimos llamados una vez más a seguir el camino sin dirección, confiando en las señales del sendero frente a nosotros. Los médicos tenían su propia opinión acerca de su diagnóstico y nosotros la nuestra: Dios iba a mostrar su gloria. Para ese punto, todavía no nos daban un diagnóstico definitivo sobre cual era su verdadera condición.

Mientras estábamos en Miami, mi hijo Dominic había fijado la fecha para su propia boda. Junio 6, 2008. Esta iba a ser otra alegre ocasión, que tanto Aziz como yo habíamos estado esperando por mucho tiempo. Por fin había conocido a la mujer con la que se quería casar y habíamos comenzado con los planes antes de este trágico incidente con Rhonda. Una vez más, había sido llamada para enfrentar las altas y bajas de la vida, fija en la promesa de que **"la alegría del señor es mi fuerza"** (Nehemias, 8:10). En medio de los diferentes eventos que ocurrían en mi familia, tenía que ser un testigo para Jesús y mostrar que Él nos lleva en sus manos cuando tenemos un gran peso encima. Yo sabía que iba a poder hacer lo que fuera necesario para cada uno de mis hijos, pues **"todos los que llamen al nombre del Señor serán salvados" (Romanos 10:13)."**

Hice todos los arreglos, coordinando los planes de su boda al lado de la cama de mi hija. Las preocupaciones de la familia sobre cómo iba a salir todo, estaban surgiendo. ¿Cómo iba a ser posible que yo hiciera lo que tenía que hacer para que esta boda saliera bien? Me mantuve firme y con Dios a mi lado, fui capaz de organizar todo lo necesario para hacer esto un día memorable para mi hijo y su prometida. Vi lo que Dios estaba planeando y me dio Su ayuda necesaria para lograr los planes. Gracias Charmaine, por todo el amor y apoyo que me diste en esta incertidumbre.

Como mi nieta permaneció en el hospital tanto tiempo, el miedo de no llegar a la boda de nuestro hijo se hizo patente.

Mantuve la paz y le aseguré a todos que si llegaríamos a tiempo. Diez días antes de la boda, abordamos el vuelo a casa. Había tanta alegría en nuestro corazón, que esperábamos con gran fe que todo saliera bien.

El día de la boda de mi hijo llegó y Rhonda y Karlene pudieron compartir este feliz día con su hermano, quien estaba feliz de que todos hubiéramos llegado a casa. La gente se maravillaba de lo que había sido logrado en medio de todas las tragedias y yo seguía diciendo, *Mi Dios nunca me falla*.

El día de la boda de Dominic, muchas bendiciones llegaron a la familia; la celebración fue memorable. Los corazones de todos se llenaron de alegría al celebrar juntos. Había tanto por lo cual estar agradecidos: La felicidad del nacimiento de mis nietos, el matrimonio de mi hija y luego la boda de mi hijo, todo durante cuatro meses. Lo logramos y vimos la gloria del Señor.

"Lo que se encuentra detrás y delante de nosotros es muy pequeño comparado con lo que se encuentra dentro de nosotros."

Autor Desconocido (Posiblemente Ralph Waldo Emmerson)

Sta. Teresa de Liseux dijo una vez:

> *"Si no viviera simplemente de un momento a otro, sería imposible ser paciente, pero veo solo al presente.*
> *Olvido el pasado y tengo cuidado de no comprometer el futuro.*

Cuando nos rendimos ante la decepción y el miedo, es usualmente porque pensamos demasiado en el pasado y el futuro." [22]

Antes de regresar a casa, era evidente que mi nieta necesitaría terapia para desarrollar sus habilidades para alimentarse, así que nos enfocamos en tener todo lo necesario para mejorar su desarrollo. El viaje de la fe continuaba y esperamos a que Dios revelara Su plan para ella. Parecía ser que toda la corte celestial nos había encomendado a toda la familia a ser testigos de Sus milagros divinos y Su fe.

Los años pasaron y continuamos haciendo nuestra parte continuando con la terapia, esperando la directriz de Dios manteniendo la fe y la esperanza.

Rhonda continuó asistiendo a sus chequeos de rutina hasta que, después de dos años de esperar a que el plan de Dios se revelara, fue programada para cirugía y le fuera retirado el tumor del cerebro el 9 de enero de 2010.

Se realizaron los preparativo en la Clínica Mayo de Florida y llegó el día en que un vez más ella pondría su vida en las manos de Dios, el Gran Médico y atestiguar el incomparable poder del Creador en el cielo.

No estamos a cargo de nuestra vida, ni somos los maestros de nuestro destino.

El coraje y fuerza que ella mostró, fue una señal de la gracia de Dios que Él derramaba sobre ella.

El día de la cirugía comenzó a las 3:30 a.m. cuando nos preparamos para arribar al hospital a las 5:30 a.m.

Los cielos se abrieron, eso lo sabía, porque la gracia nos llevó hasta el punto en el que Rhonda fue llevada la quirófano. La ungí con aceite bendito y recé con ella antes de que se la llevaran; la entregué a Dios, quién estaba a cargo en ese momento. Incluso pedí a los médicos que me permitieran ungir y bendecir sus manos, pidiendo a Dios que fuera su guía. Me dio mucha paz ver que ambos aceptaron. Sin embargo la angustia sobre todo lo que podía salir mal nos daba vueltas en la mente.

Mientras tanto, el mundo, amigos y familiares rezaban por la seguridad de Rhonda una vez más, la cirugía de nueve horas nos unió con el miedo

---

[22] John Beevers, *The autobiography of St Therese: The story of a Soul*. New York: First image books Doubleday, 1987.

del "¿Qué pasará?" Peter y yo esperamos esas nueve horas en oración, aferrados a nuestra fe:

"Nuestro Dios no nos fallará"

Recordamos a nuestra Bendita Madre y a los discípulos que esperaron en el cuarto superior del Banquete de Pentecostés, el desenlace del Santo Espíritu.

Momentos de miedo y angustia nos abrumaban todo el tiempo, pero seguimos recordando el palabra de Dios de dos años atrás: "Haz esta promesa hoy y espera con anticipación las grandes cosas que Dios revelará para ti. Anticipa un fabuloso futuro glorioso." Estas palabras eran parte de la diaria meditación del libro que Karlene me dio en Navidad. Se habían convertido en nuestras palabras diarias de consuelo.

La llamadas telefónicas continuaban llegando; todos preguntaban: ¿Ya pasó? No teníamos respuesta y las horas pasaban, solo confiábamos en Dios seguros que Él nunca nos ha fallado. Seguí rezando, dando gracias a Dios por lo que iba a hacer por ella.

La fe es esperar, sabiendo que las cosas que no vemos y la esperanza florecen con Dios, el Gran Médico y Maestro del universo. Sus cuidados y amor por cada uno de su pequeños van más allá de la comprensión.

Finalmente la gloria de Dios brillo; el cirujano salió y lo seguimos hasta la sala de médicos para escuchar el resultado de la cirugía. "No pudo haber sido mejor", comentó. "Removimos el 95% del tumor, el habla no se vio afectada y esperamos su recuperación." Peter rompió en llanto de felicidad y los miedos que lo angustiaban se desvanecieron.

Que poderoso es el Dios al que servimos.

"Gracias, Doctor", dije. "Que Dios lo bendiga y lo continúe guiando. Gracias, gracias."

Vi como Dios había escogido a las personas que Él quería que usara para el viaje de fe y sanación de Rhonda, para que pudiéramos glorificarlo y ser testigos de las maravillosas cosas que Él hizo por ella.

Nuestra última incertidumbre era esperar el resultado de la biopsia del tumor, para determinar si era necesario un tratamiento posterior.

"Jesús, confío en ti."

Después de una semana, Rhonda fue dada de alta del hospital y la cuidamos hasta que pudo regresar a casa. Sentimos la presencia de Dios cargándonos; los momentos de dolor y miedo en este momento, se los ofrecí a Dios para su redención.

Tuvimos que esperar una semana para obtener los resultados de la biopsia; cuando llegó el día, entramos a la oficina del médico, esperando un resultado favorable. Nuestra fe fue puesta a prueba nuevamente y tuvimos que confiar aún más, porque el médico tuvo una emergencia y no pudo atendernos. Estábamos siendo llamados a confiar en la fe ciega y esperar ante lo desconocido.

"Jesús yo confío en ti."

Tuvimos que regresar ese mismo día en la tarde al consultorio. A las tres, estábamos sentadas nuevamente en el consultorio del médico. Era la "hora de la misericordia", que me recordó la crucifixión de Jesús y recé por que la promesa de Dios en esta hora de misericordia se cumpliera y que nada de lo que pedimos nos fuera negado.

Nos sentimos como Jesús cuando estuvo frente a Poncio Pilato, esperando sentencia. Finalmente, el médico entró pero no tuvimos los resultados porque aún no habían llegado del laboratorio. No sabíamos lo que iba a suceder ahora. Continuamos esperando por tres días más.

Señor, has escuchado cada una de nuestras oraciones y sé que no me fallarás.

Fuimos puestas a prueba en el fuego y convencidas que tu purificas a aquellos que amas. Rendimos cada una de nuestros miedos y ansiedades y te rogamos que te encargaras y continuaras la labor que habías iniciado en la vida de Rhonda. Tu deseo para ella es vida en abundancia y completarás el milagro que iniciaste.

"El Señor es mi luz y mi salvación; ¿a quién debo temer?" (Salmo 27:1).

Espero con anticipación las grandes cosas que nos revelarás.

Todo el tiempo llamé al Infante Jesús de Praga, a quien siempre imploró en tiempos de enfermedad en la familia. Nunca me ha fallado.

Llegó el día de regresar a casa. Sin respuesta, nos fuimos con incertidumbre y con la esperanza que la llamada del médico sería una de buenas noticias. Cuando aterrizamos en Miami para transbordar hacia Trinidad, recibimos la llamada del médico. El tipo de tumor era desconocido pero no era cancerígeno y su recomendación era no realizar tratamiento alguno, solo mantenerlo bajo observación.

Gloria y alabanza a ti, oh Dios. Los médicos estaban asombrados, pero tu les mostraste tu poder y grandeza. Otro milagro que proclamar. Ellos regresaron a casa con sus hijos y seres queridos, alegres y en espera de otras cosas por suceder.

Aquellos que ponen la confianza en ti no serán defraudados.

Yo sabía que ibas a curar a Rhonda y a mi nieta, Elizabeth Ann y completar el viaje de su maravillosa historia de otro milagro más.

Al mirar a sus gemelos, me di cuenta de tu amor por esta familia. El esposo de Rhonda recibió el niño que siempre quiso para continuar con la herencia del nombre de su familia; esta era su única oportunidad. Tu naciste de la línea de David y deseaste que el nombre de su padre y su genealogía continuaran, al igual que lo hiciste con tu Padre en el cielo. Gracias por cumplir tus promesas.

Rezo que el orgullo y felicidad que Peter siente cuando mira a su único hijo, Anthony Peter, sea la misma cuando Rhonda mire a su hija, Elizabeth Ann, con la firme creencia que algún día ella podrá caminar y hablar.

Más tarde en Agosto de 2010, en el chequeo médico de Rhonda, el resto del tumor que no habían extirpado, mostró un leve crecimiento. Esto nos consternó y el médico recomendó un quimioterapia a base de pastillas durante seis a doce meses, para evitar el crecimiento del tumor.

Esta noticia no era esperada y los miedos volvían a estar presentes. ¿Significaba esto que el tumor amenazaría nuevamente la vida de Rhonda? Me reusaba a creerlo. ¿Debíamos ser como los discípulos, que quitaron su mirada del Señor en el barco durante la tormenta, cuando sintieron que el barco se hundía? ¡No así! Yo me mantuve fija en el Señor, quien nos llamaba a ir hacia delante a través de su nublado viaje.

2008

El Tiempo Desierto del Alma

Después de meses de tiempos difíciles y lo que tuvimos que soportar con fe a ciegas, había alcanzado un punto de cansancio espiritual y necesitaba un tiempo lejos – sola con el Señor. Una de mis amigas espirituales me invitó a un retiro en Sta. Lucia. Estaba dudosa de ir, pues pensaba que probablemente no debía dejar a mi hija en ese momento, pero dentro de mi sabía que yo necesitaba ir, por mi y por mi familia. Necesitaba ser renovada en el espíritu y la fuerza del Señor, por lo cual fui.

Fue un hermoso tiempo alejada, sola con el Señor y nuestro director espiritual. Durante una de las sesiones, abrí mi corazón para el Señor:

Mi Rezo

Jesús, gracias por todas las bendiciones que nos has dado a mi y a mi familia.
No hay ningún otro Dios como tu: Omnipotente y eternamente lleno de gracia.
Tómame como tu hija hoy y dale forma a la nueva vida que has puesto dentro de mi.
Tu hija esta cansada y sin embargo, en paz. Dame nuevamente el poder para ser el discípulo que me llamas a ser – hoy.
Mi amor por ti uno es eterno, mi corazón, tuyo por siempre.
Quédate conmigo en este tiempo de preocupación. Calma las muchas cosas que llenan mi vida hoy.
Veo tu mano llevándonos a salvo hacia el final. Cuando el tiempo se detuvo, cuando la vida debió haber acabado, tu mano derecha bajó del cielo y nos llevó a salvo a las costas de una nueva vida, alegría y felicidad.
Mi gratitud nuevamente, por siempre ahora y siempre, mi amor más allá de todo el amor, mi corazón todo para ti.
Gracias, Gracias, Papá.

Respuesta de Jesús:

Mi hija, te veo favorablemente y veo los muchos esfuerzos que has hecho. Vive en paz y confía en que seré tu fuerza y tu líder. Descansa en mi mientras te aventuras por ese tiempo; siempre hay un final para el camino y te espero, junto con mis cortes celestiales, para festejar contigo mientras ves mi gloria y mi poder.

Te amo, mi pequeña.

OCTUBRE 21, 2008

En Retiro con el Señor

Meditación en un objeto de la Naturaleza: La planta de Ixora, que adorna la ventana de la Capilla del Bendito Sacramento.

¿De dónde me originé? ¿Cómo vine a ser?

¿Dónde fui plantada primero? ¿Qué bajel fue elegido para mi?

¿Qué color debía ser? Las elecciones son muchas.

Me pusieron junto a mis hermanos – o ¿junto a otros, diferentes a mi?

Fui regada, fertilizada y cuidada, hasta que me convertí en el bebé, quien estaba ahora listo para ser trasplantado de mi seguro y protegido entorno.

Y así salí, mi destino ya elegido para mi.

Fui cuidado y pensado.

¿Dónde florecería mejor?

Tal vez me llevarían a ser plantada junto a otros como yo.

Nos complementaríamos y seríamos hermosos juntos, floreciendo en abundancia, para poder iluminar los ojos de los amados y aquellos que nos ven.

Oh, pero hay veces, en las que mi pequeña flor se cae y mis hojas se dispersan y no son tan hermosas…

Tal vez sea tiempo de que otros sean admirados, mientras espero volver a florecer…

El sol cae sobre mi.

La lluvia empapa mis capullos y se deshacen.

Y aun así, no desearía estar en ningún otro lugar mas que:

En la ventana de mi amado.

Mona

ENERO 15, 2009

En Cautiverio

¿Quién es el hombre que desea róbrame mi alegre patrimonio?
Un nuevo amanecer está ante mi y la luz se convierte en sol.
El sol que le pertenece al hermoso mundo de la creación de Dios.
¿Quién es el hombre que saca alegría de mi ser? Por desgracia, no conoce a un Dios. Pues en medio del dolor, hay alegría.
La felicidad de ser amada por Dios. Estar cautivo por las emociones de otros. Lucho por permanecer y ser cuidada por el espíritu de Dios.
Si el Señor me libera, entonces en efecto soy libre.
Me pongo su armadura de protección en contra de este mundo de tristeza y penumbra. Tomo mi ser para ser uno con Él en el sufrimiento. Lucho por permanecer libre. Libre de la opinión del hombre, emociones, ideas, descansando en mi querido Dios, quien me cuida y me guía hacia el horizonte de la plenitud de la vida.
Una vida de sol radiante en la oscuridad. Oh, que me apegaría a las promesas de Dios…
"He venido para que tengas vida, vida en abundancia."

Mona

MARZO 21, 2010

Novedad (¿Un Mensaje de Dios?)

*Mirad, estoy haciendo algo nuevo. Entre los juicios y las pruebas que te he permitido perdurar, has sido victoriosa a través de mi poder trabajando en ti. Pues tu eres un conquistador y tu confianza y fe en mi ocasionan que nunca te falle. Muchos no pueden entender y no lo har*án, pues cuestionan demasiado. *Es suficiente para mi que conozcas el poder obrando en ti.*
Sigue perseverado; estoy contigo hasta el final.

MARZO 22, 2010

Señor, mi viaje parece tan accidentado con enfermedad y trastornos, pero supongo que el tuyo fue igual. Cada Cuaresma parecía encontrarme con Aziz viajando a través de otra cirugía y la recuperación desconocida.

Contaba sus bendiciones, porque cuando me pregunto otra vez Señor, pienso en tu viaje hacia el Calvario y me considero afortunada que puedo sentir y estar unida a tus sufrimientos y los de tu Madre.

La obediencia hacia tu voluntad me trae paz y me permite comprender el trabajo que estás haciendo. Gracias, Señor, pues escogerme me ayuda a cargar con las cruces que me encuentro, hasta que tu obra en mi sea completada.

Mona

AGOSTO 29, 2010

Tiempos de Soledad

¿Quién puede escalar la montaña de la soledad?
Soledad que se nos presenta al ser malentendidos.
El profundo dolor de ser juzgados, indefensos.
Soledad que se hace cada vez más profunda.
Cuando la vida tiende a ser regida por otros, sin entender que Dios es el líder.
La soledad de permanecer silencioso y sobrellevar insultos y ridiculizaciones,
sabiendo que la verdadera humildad se encuentra en el silencio sin defensa.
¿Quién puede escalar esta montaña de la soledad?

Mona

JULIO 11, 2011: BANQUETE DE SAN BENEDICTO

Su Amor Perdura por Siempre

Cada criatura viva es un recordatorio de tu gran amor por nosotros y como provees para todas nuestras necesidades.

Mientras veo la confianza y rendición de tus creaturas que viven en la tierra y en el aire, ¿cómo puede uno dudar que nos tienes en tus manos?

Ningún miedo o peso debe vencernos mientras te encomendamos nuestras vidas.

Mientras me siento y reflexiono, otro milagro ha sucedido; que agradecida y privilegiada soy.

Has sacado a Aziz de su profunda oscuridad y de la desesperación de su enfermedad.

El viaje ha sido duro y día con día, las piedras se apilan más y más alto.

Justo como tu separaste el mar y la montaña, igualmente continúas despejando el camino para que su vida perdure.

El Maestro ha formado su vida una vez más, a través de las manos de los médicos.

Gracias Señor, por escuchar las oraciones de aquellos que lo aman;

Por darles a los médicos la sabiduría que necesitan,

Por guiar sus manos durante el procedimiento.

Por mantener su cuerpo sano a través de todo.

La tristeza, el dolor, la ansiedad y el miedo, se desvanecieron, una vez que salieron los médicos, confiados y seguros. Habían tenido éxito una vez más.

Un paso adelante otra vez.

Mi Dios Nunca Me Falla.

"Bendecido es el hombre que medita en la sabiduría y quien razona inteligentemente. Aquel que reflexiona en su mente acerca de sus formas siempre reflexionará sobre sus secretos" (Sirach 14:20-21)

CAPÍTULO 7

El Camino al Calvario

OCTUBRE 1, 2011

La Densidad del Bosque

Mi viaje continuó por el desierto de la sanación y cuando pensé que el bosque de la incertidumbre comenzaba a clarear, otro miedo se manifestó, aquel siempre presente en Aziz y sus batallas para sobreponerse a las enfermedades que lo aquejaban.

Oh, como me sentía mal por él y sin embargo admiraba la fuerza y determinación con las que luchaba, aunque en ocasiones flaqueaba y perdía la fe. Yo sabía que se aferraba a mi fe sólida sintiéndose seguro porque yo rezaba por él. De alguna forma confiaba en que Dios escucharía mis plegarias y rezos por él.

El se apoyaba en mi y yo en él. Abandoné todo, lo dejé todo, incluso mi amor por estar en presencia del Señor en la iglesia del Bendito Sacramento.

Sabía que Dios estaría complacido al ver como me volcaba al cuidado de Aziz, como al cuidado de Jesús: **"porque yo tenía hambre y tu me dabas alimento, yo tenía sed y me dabas de beber, yo era un extraño y tu me dabas la bienvenida, yo estaba desnudo y tú me arropabas, yo estaba enfermo y tu me visitabas, yo estaba en prisión y tu viniste a mi. En verdad yo te lo digo, como lo hiciste con el último de estos, mis hermanos, me lo hiciste a mi"** (Mateo 23:35-36, 40).

De Vuelta en Casa

Regresamos a casa una vez más para continuar con nuestra vida esperanzados que todo permanecería bien. En lo profundo de nuestra mente y corazones, el miedo seguía: ¿Cuánto tiempo más podría su salud aguantar los embates y flagelos de la enfermedad que afectaba su vida?

Lo único que podíamos hacer fue mantenernos unidos como familia, dejando ir nuestros miedos, saboreando lo bueno y lo malo de la incertidumbre de su enfermedad.

Sin embargo no pasó mucho tiempo antes de que él se enfrentara nuevamente con el reto de su enfermedad y comenzamos a darnos cuenta que nuestro mayor temor estaba ante nosotros. Las enfermedades del cáncer y la displasia fibrosa finalmente comenzaban a vencer a su cuerpo; iniciaba una lucha diferente por sobrevivir.

El tumor en la parte posterior de su cabeza crecía en tamaño y el dolor se volvía ya insoportable.

OCTUBRE 4, 2011

El Viaje de Aceptación

El dolor se acrecentaba al igual que la inflamación. La enfermedad progresaba. El tiempo era crucial.

Yo recé buscando los planteamientos y guía de Dios. "¿Cuándo debería regresar a la clínica?" La confusión de lo que estaba sucediendo me abrumaba. El llamado era el mío." Señor toma las riendas. Abre el camino durante las consultas del médico," ya rezaba.

La fidelidad de Dios siempre muestra la gloria del Gran Médico.

Una vez más llegamos a la clínica para enfrentar otro problema de salud.

En esta ocasión, mi fe se tambaleaba. Me preguntaba, ¿podré superar mis miedos y pensamientos?

¿Acaso se acerca el tiempo para que Aziz regrese a casa con Dios? Aún así me cuestionaba una y otra vez, "¿Qué debo hacer, Señor? Muéstrame, dame una respuesta."

Como siempre, comencé a rezar. Abrí un revista "Magnificat" y encontré este párrafo:

"Dios y su Divina Providencia utilizarán el aparente mal que atenta contra nuestra vida para un propósito de perfeccionamiento; desde nuestras pequeñez, desde nuestro vacío, desde nuestra nada, la grandeza de Dios florecerá de forma sorprendente. La parábolas demuestran que nuestro Dios, es el Dios que resuelve todo – cada situación, cada circunstancia, cada momento. Dios muestra su poder precisamente cuando la perfección de [Su] poder se cuestiona." [23]

"El espíritu viene a apoyar nuestra debilidad."

Podemos claudicar ante nuestra debilidad debido a la desesperación… o podemos rezar con fe.

"El poder, cuando lo deseas, viene a ti."

Mi ser físico y espiritual se desvanecían. Como las huellas en la arena, sentí al Señor y a todos sus seres amados en la tierra, que nos cargaban a Aziz y a mi.

---

[23]   Todd von Kampen, *Maditations on Scriptures – 16th Sunday in Ordinary Time (Tear A)*, 7/16-17/11. Yonkers, New York: Magnificat magazine, July 16, 2011

"Mc permito Señor, sentir el cansancio y la pesadez, tal como tu la sentiste en Getsemaní."

"En tu manos encomiendo mi espíritu."

Los días por venir se veían luminosos. La hospitalización de Aziz era agotadora y sus continuas intervenciones y procedimiento eran muy pesadas.

¿Cómo debo rezar esta vez, Señor? ¿Debo entregártelo? En lo profundo de mi ser sentía su dolor por dejar a sus amados hijos, en especial a sus nietos, familia y amigos.

Finalmente llegó el diagnóstico. Su displasia fibrosa, que había padecido por espacio de 45 años se había convertido en un cáncer de cráneo. El sangrado del cráneo amenazaba su vida. El dolor era horrendo. Los médicos, como siempre, no sabían a ciencia cierta cual era el siguiente paso más adecuado. ¿Qué sería menos invasivo, que pondría menos en peligro su vida y sería más confortable para el poco tiempo que le quedaba de vida? Me preguntaba, ¿Señor, experimentaré otro milagro en estos 20 años de plegarias para que intercedas por él y le salves la vida?

¿Lo estas llamando a tu lado? ¿Su labor ha terminado? Intentaba creer que no era así.

Los médicos intentaron hacer una biopsia para determinar si este era otro tipo de cáncer, sin embargo tuvieron que suspenderla debido al profuso sangrado. Dejaron una herida en la parte posterior de su cabeza, la cual se infecto en los meses siguiente poniendo nuevamente en riesgo su vida. Cada día, esta herida debía ser limpiada y curada; como la Madre Teresa, que limpiaba las heridas de los enfermos y pobres en las calles, yo asumí esa tarea con amor y la gracias de Dios.

Me convertí en enfermera, cuidadora, terapeuta y soporté la limpieza y curación de sus heridas diariamente. Cada día le preguntaba al Señor que bendijera mis manos para curar su herida. En ocasiones fue necesario el consejo del médico y me preguntaba si mi forma de curar su herida, era la correcta. Debía mantener al margen mis miedos e incertidumbres y permanecer firme.

En ocasiones tuve que llevarlo de emergencia al hospital debido a la infección y sangrado profuso; mi vida se convirtió en una de total devoción a Aziz y en ser un pilar de fuerza para mi familia. No tenía tiempo para pensar en mi, pero tenía confianza en Dios y el no me abandonaría. Sabía que Él me daría toda la gracia necesaria para aguantar hasta el final. Me negué a que alguien más lo cuidara porque sabía que él dependía de mi fuerza y mi fe.

Al igual que el caminó junto a mi hace treinta años, ahora yo caminaba junto a él; nuestro amor del uno por el otro, se pagaba con el cariño y la candidez en tiempos como este.

NOVIEMBRE 2011

Rendición

Durante estos últimos meses de lejanía de la casa y estadía en el hospital, sus hijos se turnaban para pasar preciosos momentos a su lado. Ellos también se preguntaban cuanto tiempo le quedaba a su amado padre. Se esmeraban por aprovechar al máximo cada momento y escuchar lo que él tenía que decirles, sin querer aceptar que el tiempo se acababa. Esos fueron los momentos más preciados que pasamos juntos como una familia y aquellos momentos se sumarían a toda una vida que compartieron con él, desde niños hasta la adultez. La tristeza de sus corazones se unía con el dolor que sentíamos.

Estuvimos lejos por espacio de seis semanas alternando entre el hospital y la casa de mi hermana en los Estados Unidos de América. Eventualmente, sentí un inexplicable urgencia por regresar a casa. Los médicos ya le habían dicho a toda la familia que ya no había nada que hacer por él desde el puto de vista médico. Pude planear el regreso a casa con mi hermano y algunos amigos que habían llegado de visita. Necesitaba ayuda para regresar a casa.

Era la primera vez que él se negaba a ir a casa y creo que sabía que el final estaba cerca. El no estaba preparado para ello todavía.

Fue por la gracia de Dios que logramos regresar a casa para pasar Navidad con toda la familia y amigos. Yo deseaba que esta época de esperanza fuera de alegría para la familia.

Deseaba un tiempo en el que pudiéramos celebrar juntos y disfrutar de esos precios momentos de la vida que pasamos juntos.

Me preguntaba si esa sería la última Navidad que pasearíamos juntos como familia. Al acercarse el día de Navidad, nuestras dos hijas, sus esposos, mi hijo y su esposa y nuestros seis precios nietos, lo rodeamos lo más posible y tratamos de disfrutar esos momentos al máximo, sabiendo que el tiempo estaba contado.

Fue muy doloroso para todos, porque en el fondo todos sabíamos que era la última Navidad con él. Celebramos con alegría y tristeza intentando darle fortaleza a él, preservando su dignidad aún cuando la enfermedad le robaba su independencia y orgullo.

Dimos gracias por haber podido estar juntos al comenzar el Año Nuevo y continuamos rezando porque Dios le prestara vida, aunque fuera por un poco más de tiempo. El apoyo, rezos y consolación llegaron nuevamente por parte de todos los familiares y amigos que pasaban a visitarlo y a brindarnos compañía. Esto fue un gran consuelo y ayuda.

Al saludar a las visitas, era evidente la tristeza en sus ojos al verlos partir; él sabía que probablemente no los volvería a ver.

El destino se repetía, recibí otra tarjeta de mi ángel de ayuda igual que cuando tuve cáncer treinta años atrás. Esta leía así:

"Destino… es confiar y creer en un poder que no podemos ver ni tocar. Es un sentimiento que nace de lo profundo de nuestro corazón y que nos permite aferraros aún cuando sentimos que nuestra fuerza nos ha abandonado."

Autor desconocido

"Fe es una promesa de esperanza que susurra, 'Estarás bien…' aún en los momentos más oscuros y nos llena con el poder que nunca podríamos encontrar nosotros solos. Es el puente entre tu corazón y Dios. "[24]

Jason Blume

En febrero 14, 2012 (Día de San Valentín), Aziz empeoró; el sangrado de su cerebro aumentaba. Fue llevado de emergencia al Hospital St. Clair donde los neurólogos decidieron intervenirlo quirúrgicamente para detener el sangrado. Sin embargo, ellos nos daban una probabilidad de no más del 10%, de salir con vida de la cirugía y recobrar la consciencia. Aziz dio su consentimiento por su amor a la vida y a sus seres queridos. La cirugía se programó y fue posible detener la hemorragia, sin embargo como temían los médicos, nunca recobró la consciencia cayendo en coma. Durante doce días Aziz estuvo en coma después de su cirugía; fue muy fuerte para nosotros como familia. Pasamos nuestros días y noches en el hospital, visitándolo en la unidad de cuidados intensivos junto con sus familiares más cercanos.

Expresamos nuestros amor, gratitud y le hicimos saber que lo amábamos y que apreciamos todos lo que había hecho por nosotros.

---

[24] Faith Magazine High Tea. Quantum of Faith: A divine gift of Infinite Grace. Meyersdal Eco Estate Conference Centre, April 21, 2012

Cada uno de nosotros tuvimos nuestro propio momento para decirle lo que sentíamos en el corazón y ponerlo en manos de Dios, desprendiéndolo de toda conexión con el mundo terrenal.

Le dimos gracias a Dios por permitirnos tener ese momento sagrado con él y por darnos la oportunidad de no tener remordimientos por no haberle dicho lo mucho que significó para nosotros.

Al verlo sufrir, vimos como la enfermedad le robaba toda dignidad y orgullo y fue entonces cuando dejamos ir nuestro amor egoísta y deseo de tenerlo con nosotros.

Mi fe estaba siendo probada al máximo en ese momento y mis rezos por Aziz, pasaron de la sanación física a la sanación espiritual. En esta ocasión el milagro de su enfermedad, fue la victoria sobre la oscuridad y el su paso hacia la luz de Cristo que lo llamó al banquete preparado para él.

En febrero 26, 2012, Aziz finalmente dejó de luchar y fue llamado a casa por el Padre celestial, quien le dio la bienvenida a Su glorioso reino, en el que ya no hay dolor ni sufrimiento. Lo entregamos a Dios, a pesar de la tristeza que sentimos sabiendo que ya no estaría con nosotros para tocarlo y abrazarlo.

Nuestro Trofeo

Un esposo por cuarenta años, determinado, necio y de ideas fija: cualidades que le hicieron ganarse una esposa y le dieron la fuerza para superar retos de salud. Luchó contra las dulces amarguras de la vida.

Un esposo cuya naturaleza gentil, amor y caricias me hicieron amarlo más y más. Fue un gran apoyo aún sin estar de acuerdo conmigo.

La Paz fue su lema. Cuarenta años sin remordimientos, crearon memorias para toda una vida. Te amo Aziz, para siempre.

Un padre, que siempre apoyó a sus hijos en cada una de sus batallas: Para abrirles los ojos, para nombrar las cosas, para enseñarles a crear y escribir con las manos y para enseñarles a sus pies a caminar hacia adelante.

Un padre, cuyo deseo era ayudar a sus hijos a realmente descubrirse a ellos mismos y lo que los rodeaba. Su deseo era hacerlos caminar sobre la tierra sin olvidar las estrellas.

El dolor de ellos, él lo sentía al doble y sin embargo el propio dolor lo escondía frente a sus hijos. Sus necesidades sobrepasaban los deseos propios. Su amor por ellos abrumaba y envolvía su vida.

Un padre que nunca se separó de sus hijos. Su propia vida solo tenía significado si estaba rodeado por ellos.

Sus yernos se convirtieron en sus hijos.

Su nuera en una luz brillante.

Su preciados nietos se fueron su línea de vida, completando y llenado su existencia.

Le daban valor para enfrentar la lucha hasta el final.

Fuimos bendecidos.

Gracias, Aziz.

Gracias, Papá.

Gracias, Tío.

Gracias, Jido.

Vivamos siempre siguiendo tu ejemplo y continuemos tu legado de **Amor y Paz**.

Mona

En amorosa memoria a nuestro amado Aziz

Mayo 4, 1946 – Febrero 26, 2012

MARZO 6, 2012

El Camino de Purificación de la Vida

Somos llamados y retados.
Uno por uno, en nuestras vidas se revelan, los oscuros momentos de incertidumbre –
Somos elegidos para caminar el sinuoso camino.
La alegría y la pena se hacen uno,
Nuestros espíritus vuelan en alas de águilas y lo único que queda en la vida es rendirnos ante el plan del Maestro.

Mona

"Bendecido es el hombre que confía en el Señor, cuya confianza es el Señor" (Jeremías 17:7).

ABRIL 25, 2012: DOMINGO DE DIVINA MISERICORDIA

La Noche Obscura del Alma

Señor, como anhelo retraerme al hermoso sonido del desierto, entrar al consuelo de tu alma silenciosa.
El ruido del mundo a mi alrededor bloquea la serenidad de tu voz.
Anhelo escribirte la historia de mi alma y todo lo que llevo muy dentro de mi.
Concédeme la disciplina para tomarme el tiempo solo para ti, para poder entrar en el sacramento de tu presencia y escribir la historia de tu gran amor por mi.
Como siento tu presencia en este día de misericordia en el que reflexiono sobre el amor de tu corazón por mi y por la humanidad.
Jesús, confío en ti.
Yo se, Señor, que eres mi compañero de este día en adelante y que nunca desearé nada, ya que eres mi Padre y esposo.
Ayúdame a nunca dudar, temer o esconderme de lo que el mundo me demanda, solamente Señor:
Moldea mi corazón a tu voluntad.
Te confío mi vida y todos los seres que amo para recibir ti Sagrado Corazón y el sutil cielo del Corazón Inmaculado de tu Madre.
Aleluya, aleluya, en realidad has resucitado. Aleluya.

Mona

CAPÍTULO 8

Revelación en Lugares Elevados

Compartiendo la Gracia de Emaús

"Cuando el alma hace lo que puede para cumplir con sus obligaciones diarias y dirigir el rumbo como se debe, abandonándose a Dios, Él la visita con sus inspiraciones, inicialmente latentes y confusas, que si bien recibidas, se tonarán más frecuentes y más insistentes e iluminadas."

"Entonces, a pesar de los eventos alegres y tristes de la vida, de choque de temperamentos, de época de sequía espiritual, a pesar de las maldades del diablo y el hombre, sus sospechas y envidias, el alma, en sus más altas regiones, permanece en paz. Disfruta esta serenidad porque está íntimamente convencida que Dios es quien la guía; abandonándose en Él, buscando solo hacer Su voluntad y nada más. Por ello, lo ve a Él en todos lados y hace uso de todo para promover la unión con Él. El pecado, en contraste, llamará a la infinita majestuosidad de Dios."

"El alma tiene menos necesidad de razonamiento y métodos en sus plegarias y meditación, o de guía: se ha hecho más simple en su modo de pensamiento y deseo. Sigue la acción interior de Dios en su alma, lo que la hace sentir, no tanto por las impresiones de ideas, sino por el instinto o la necesidad impuesta por las circunstancias, donde solo hay un camino posible. De inmediato percibí la profundidad del significado en una frase del evangelio que anteriormente no la había notado. Dios le da un entendimiento de la escrituras, como Él le dio a dos discípulos en el camino a Emaús. Los sermones más simples son fuente de iluminación y encuentra tesoros en ellos; porque Dios los usa como un medio por el que Él ilumina el alma, tal como un gran artista suele usar el implemento más ordinario, el pincel más barato, para crear una obra maestra, una bella imagen de Cristo o la Santa Virgen."

"En el trato de Dios con las almas que se rinden ante Él, mucho permanece obscuro, misterioso, desconcertante e impenetrable, sin embargo Él hace que todo contribuya al bienestar espiritual y algún día, verán que lo que era en ocasiones, una causa de profunda desolación para ellos, era la fuente de alegría de los ángeles." [25]

Padre Reginald Garrigou-Lagrange

---

[25] Padre Reginald Garrigou-Lagrange, *Sharing Emmaus Grace*. Yonkers, New York: Magnificat magazine, April 2012

Rezo de Abandono

"Padre,
Me abandono en tus manos;
Haz de mi lo que sea tu voluntad.
Sea lo que hagas, te agradezco:
Estoy dispuesto a todo, acepto todo.

Deja que solo tu voluntad se haga en mi,
Y en todas la criaturas –
No deseo más que eso, oh Señor.

En tu mano encomiendo mi alma:
Te la ofrezco con todo el amor de mi corazón,
Porque te amo, Señor y siento darme a ti,
Rendirme ante tus manos sin reserva,
Y con confianza infinita,
Porque tu eres mi Padre." [26]

Charles de Foucauld
El Padre del Desierto

---

[26]   Charles de Foucauld, Robert Ellsberg, *Charles de Foucauld: Writings*. Maryknoll, NY: Orbis Books, 1999

MAYO 8, 2012

Memorias Perdurables

Me siguen llegando memorias cuando pienso en mi difunto esposo Aziz, en su vida y muerte. Si me atrevo a resumir su vida y como él la vivió, recordaría su empuje por la vida en cada área y etapa de ella.

La grandeza del hombre no se conoce, hasta que ya él ya no es grande.

Aziz Hadeed era un gran hombre, quien llegó a Trinidad de su ciudad natal, Amar al-Hosn, en Siria. Recuerdo el entusiasta muchacho que era a los 21 años.

Llegó a reunirse con sus hermanos en sus negocios y forjar una mejor vida para él y su futuro, aprendiendo el idioma y comprendiendo la cultura del país en el que eligió vivir.

En ese entonces yo tenía dieciséis años y asistía a la escuela; nos encontrábamos en reuniones familiares y éramos solamente amigos. Al pasar del tiempo, él comenzó a interesarse más en nuestra amistad. Considerando mi edad y que aún estaba en la escuela, mi madre no alentaba mucho esta situación. Aguantamos dos años de accidentado cortejo, tratando de conocernos mejor con gran resistencia de mi madre. Fue en esta época que me di cuenta cuanto realmente me amaba. Frecuentemente me dijo que no podía vivir sin mi y que haría lo que fuera necesario para casarse conmigo.

Recuerdo los momentos en los que sentía que, solo quizás, debía terminar mi relación porque causaba demasiado dolor en mi familia. Incluso me dijo que estaría dispuesto a huir conmigo para casarnos si mi madre no estaba de acuerdo. Esto me hizo comprender lo mucho que me amaba, al estar dispuesto a arriesgarlo todo porque yo fuera su esposa.

Cada día rezaba con mayor intensidad para que Dios me guiara para tomar la mejor decisión; si era Su voluntad, tendría la fortaleza para enfrentar la batalla. Mi madre nunca aprobó nuestra relación del todo, porque desde su punto de vista, tenía que proteger a su joven hija.

En junio 20, 1971, Aziz y yo nos casamos y comenzó nuestro viaje de memorias agridulces, de felicidad y tristeza, rodeados de una bella familia y librando batallas de enfermedades que lo aquejaban.

Fue entonces que atestigüé la determinación en él. La fortaleza que poseía fue la línea de vida a la que se aferraba, batiendo las predicciones sobre una enfermedad que tuvo que enfrentar por veinte años.

Como padre, su amor por su hijo y sus dos hijas en ocasiones me sorprendía; el siempre se privaría de muchas cosas para asegurar que a ellos no les faltara nada. Sin embargo, en ocasiones, su corazón lleno de amor por ellos sobrepasaba la razón.

Como todo padre que desea lo mismo para sus hijos, él era como nuestro Padre divino. Había cierta intensidad en su forma de amar y yo pude darme cuenta de esto en nuestra relación de esposos.

Toda su familia extendida y su amigos fueron testigos de su esencia. Nadie era su enemigo y hacía todo lo posible por ayudar a quien fuera cuando se necesitaba. Era tan amado que podía decir lo que fuera a cualquiera directamente y no lastimarlos. Su sentido del humor permaneció con él hasta el final, incluso durante el dolor y la tristeza.

A pesar de todos lo cánceres que padeció, algunos tan dolorosos y flagelantes, nunca dejó de luchar para prevalecer y seguir siendo padre, esposo, amigo y ejemplo de fortaleza y resistencia.

Vivía cada día como sino tuviese dolor o miedos ante lo que la vida le deparaba y mostró que donde hay vida, hay esperanza.

Los últimos seis meses de su vida están estampados en mi corazón y mi mente; frecuentemente reflexiono sobre esas tres etapas antes del final. Finalmente, cuando ya no pudo luchar contra su enfermedad, claudicó con gracia y nos dejó. La memoria de toda una vida y los ejemplos serían difícil de seguir, pero la fortaleza que tenía es nuestra fuerza que nos empuja a lo largo del camino de la vida.

Cuando reflexiono sobre los dos últimos meses, entendí su urgencia por asegurar que todo estuviese en paz con su seres queridos y que nada quedara pendiente.

Permanecí a su lado, lo atendí todo el tiempo y sentí que la dignidad lo había abandonado. Traté de darle aliento cuando sus propios miedos lo sobrepasaban, escondiendo mis propios miedos, para asegurar que su fuerza por luchar no lo abandonara.

Cuando finalmente regresamos casa del hospital, el 30 de enero de 2012, no sabíamos que en dos semanas caería en un coma. Autorizamos la cirugía, sabiendo que el así lo hubiera querido. Sobrevivió la cirugía pero nunca salió del coma. Por espacio de doce días libró la batalla hasta que finalmente, regresó a casa con el Padre eterno, quien lo esperaba.

Mi amor por él creció al recordar todos los incidentes y ocasiones del pasado cuando la candidez de su corazón me abrumaba. La atención que prestaba a las personas que conocía siempre me sorprendía.

Ahora que ya no está, extraño su presencia y su ser que llenaba mi corazón y nuestro entorno. Su simplicidad, humildad y profundo amor por mi, su hijos y nietos nunca serán olvidados. Su gentil espíritu y amor por la vida esta plasmado en nuestros corazones y guardado en un lugar donde el dolor no puede tocarlo.

Hasta luego mi amado, te extrañaré y nuestros días de cortejo y lucha por pertenecer el uno al otro, estará grabada en mi corazón y continuará dándome fuerzas para seguir adelante. Nuestros hijos son el reflejo del amor que nos profesamos; y aprendieron lo gran padre y abuelo que fuiste. Como fuiste preciado para nosotros y nuestra tristeza radica en no poderte abrazar y besarte nuevamente y decirte lo mucho que te amamos y apreciamos lo que hiciste por nosotros.

Descansa en los brazos de Jesús y no sufras más, porque te has ganado la corona de la gloria que tanto merecías.

Me doy cuenta que ahora me toga asumir el papel de madre y padre y llenar el vacío que dejo con su muerte. Mis hijos, especialmente mi yernos, quien trabajo con él, lo extrañará enormemente; buscan consuelo en mi con la esperanza de sobreponerse a su muerte y estar alegres. Mi hijo perdió a su padre, quien estuvo a su lado a través de su vida, guiándolo y apoyándolo; ahora tenia que valerse por si mismo, recordando los momentos de consuelo: "No te preocupes hijo, todo saldrá bien."

Ahora tenía que hacerle sentir que estaré a su lado para ayudarlo en lo que pueda, cuando él lo necesite. Mis hijas habían perdido uno de los mejores padres, quien las amo más allá de todo en este mundo y ellas extrañaran su abrazo amoroso y confortante. Su presencia simplemente las consolaba, sin importar el problema y su gentil espíritu siempre será recordado.

Su nietos solo lo conocieron brevemente y nos comprometimos a que nunca lo olvidarán. Me prometí hacer lo mejor posible para llenar el vacío en sus corazones y mente.

Dios nunca nos da más de lo que podemos soportar.

Mona

Que su alma y las almas de los fieles que han partido por la misericordia de Dios, descansen en paz. Amen.

SEPTIEMBRE 27, 2012

La Desolación de la Conexión

Señor, cuando la vida y las relaciones te decepcionan, el alma se siente separada y lejos de todos alrededor.
Entiendo la realidad que a pesar de todo, solo tu, Señor, eres constante y presente.
Tu amor por mi siempre será un manto confortable que me mantiene segura.
Estoy anclada en el reino de tu calidez y seguridad, convencida que no hay nada que me pueda dañar, que no hay soledad que no pueda enfrentar.
Tu corte celestial, llena de música mi silencio y la alegría de los sonido de tu corte celestial llenan mi ser y me elevan.
Me llamas para escuchar tu voz, bloqueando el clamor y el ruido de un mundo vacío.
Oh, podrá la dulzura de tu melodía opacar el vacío – entonces el alma estará restaurada a su estado divino.

Mona

San Francisco de Sales dijo en una ocasión:

"Dios te deja en este estado para su gloria y tu propia utilidad; Él desea que tu pobreza sea el trono de Su misericordia y tu indefensión el asiento de Su omnipotencia." [27]

---

[27] E. Stopp, St. Francis de Sales: Selected Letters. 1st ed. London: Faber & Faber, 1960

MAYO 4, 2013

Peregrinaje a Francia, España y Portugal

Habían pasado casi tres años desde mi última peregrinación y anhelaba estar unida a mi Señor en serenidad y rendirme después de la muerte de Aziz. Estaba contenta de poder ir y esperaba con anticipación ver como nuestra Bendita Madre me guiaría al corazón de Jesús, su hijo.

Este era mi tiempo de silencio con el Señor, escuchando su voz y comprendiendo el mensaje de Su nuevo llamado de aquí en adelante.

Un nuevo viaje había comenzado.

El mensaje de nuestro director espiritual era el siguiente:

Abran un espacio en su corazón para recibir la gracia de Dios y Su Bendita Madre en su deseo de darse en esta peregrinación, de ser quien fueron creados para ser y quien en realidad son.

Regresé nuevamente a realizar un viaje de fe, a ser testigo de los milagros de tu Bendita Madre, quien elegiste para acercarme a la unión de dos corazones.

Todo se comienza a acomodar, Señor: La unión de corazones, el de tu Madre y el tuyo, al estar sentados en adoración ante ti y recordando su encomienda con nosotros cuando dijo: **"Hagan lo que Él les pida" (Juan 2:5).** La única petición que Jesús hizo a su apóstoles: **"¿Pueden no mirar conmigo por una hora?" (Mateo 26:40).**

Había tantos pensamientos en mi cabeza y corazón y necesitaba saber si esta era Su voluntad para mi o mis propios deseos. Había tres cosas en particular que requerían de su guía y durante el viaje esperé a que Él revelara Su plan.

Al visitar las sagradas capillas, encontré un mensaje para mi; Dios me mostró mi debilidad y orgullo. Sentí que Él me llamaba para perdonar a todos los que me han perdonado, con un sincero espíritu de reparación y reconciliación. Le pedí la gracia para realmente perdonar y dejar el pasado atrás. Experimenté la gracia de Dios y vi las recompensas y bendiciones que Él me mandó cuando abandoné todas mi penas en Él.

En la caverna de nuestra Bendita Madre en Lourdes, me senté en silencio sobre el río, viendo el sitio en el que nuestra señora apareció y la miré a la cara con reverencia. La podía escuchar hablar, corazón a corazón, mientras Jesús me acercaba a ella.

"Señor, revélame lo que estás diciendo por medio de tu Bendita Madre. Te amo."

Completamos nuestras visitas a las capillas elegidas y el mensaje de cada una de ellas se complementó en uno solo, el mensaje de mi vida. Era capaz de discernir el camino que mi vida debía seguir y lo que el Señor tenia preparado para mi.

Había estado caminando el sendero del peregrino por más de treinta años; la historia de San Juan, la cual consulté en tiempos de enfermedad, floreció en la verdad de mi vida. Finalmente pude poner en contexto la historia de mi enfermedad y sanación y su significado en el pasaje que encontré en **James 1:2: "Tómalo todo como alegría, mi hermano, cuando te enfrentes a varias pruebas."**

Compartí con el grupo mi viaje de sufrimiento y cómo enfrenté las cosas que me encontré en el camino.

Jesús es nuestra roca y estamos parados sobre el pilar de la fe, la cual es el fundamento de Jesús a través de su Madre y Padre.

Mucha gente eligió imitar el camino de San Juan caminado de un estado a otro a pie, experimentando dificultades y aún así encontrando el aliento y ofrecimiento de comida, bebida y un lugar de descanso hasta llegar a la iglesia de San Juan en Compostela, España.

La hospitalidad que mostraban era un ejemplo de cómo debemos vivir en este mundo entre nosotros, así como un recordatorio de cuando Jesús caminó al Clavario, Él también tuvo un buen samaritano que le tendió la mano.

Era un símbolo de nuestro llamado a ser similares a Cristo y alimentar al hambriento, vestir al desnudo y dar bebida al sediento. Ellos sabían que completar el camino significaba dificultades, sacrificio, paciencia, aguante y ante todo alegría: recordatorio de lo que experimentamos en nuestro camino por la vida. Era un tiempo de purificación y humildad debido a las inconveniencias que había que sortear, sin embargo se mantuvieron firmes para librar los obstáculos y el cansancio que pudo haberles impedido seguir adelante.

Muchos de nosotros estuvimos tentados a no continuar, pero por medio de la gracia de Dios y nuestro amor por Él, continuamos hasta el final. Yo sentí que había realizado el viaje espiritual con San Juan y me regocijaba con el sufrimiento y con lo que me encontré posteriormente en mi camino.

Espero, que al llegar al final de mi viaje de fe, comprendas porque elegí el nombre de mi libro: El Desierto de Curación: En las Arenas del Tiempo, porque me llevó a comprender que solo puedo depender de la voz de Dios que me guía y no de las voces del mundo, cuyo llamado pudo haber sido diferente. En ocasiones es difícil, puesto que no todos comparten tu espiritualidad y relación con el Señor.

Me gustaría dejarte con una lectura que me encontré y rezo porque encuentres consuelo en tu propio viaje, recordando que Dios te creo a Su imagen y semejanza. Recuerda también, que todos tenemos nuestro propio propósito y misión en la tierra, si tan solo supiéramos *cómo* escuchar su voz y decir: "Si Señor aquí estoy."

Sé Tu Mismo

"Somos lo más empáticos con nuestros amigos y con la felicidad cuando somos nosotros mismos por completo. Sin embargo, es un constante luchar porque, como enseñan las escrituras, el mundo siempre trata de forzarnos para adecuarnos a su molde.
El molde del mundo, es el molde de lo sintético,
El molde de lo artificial, el molde de celuloide, la 'Persona de Plástico'.
El mundo clama: 'Debes verte joven y debes verte bronceada. Debes verte delgada y debes ser rica. Debes ser grandiosa.'"

"Sin embargo la escritura dice: 'No es necesario que seas nada de eso. Simplemente debes ser tu misma, a cualquier edad, como Dios te creó, disponible para Él, para que Él pueda trabajar a través de ti y traer su Reino y Gloria.'
Ahora relájate. ¡Confía en Él y se tu mismo!" [28]

Luci Swindoll

Un Paso Adelante

El camino está delante de ti
La vida está abierta para ti
La dirección es clara si la marcas bien; habrán vueltas y desviaciones que lo harán más angosto o amplio
Es el camino de la vida
En cada vuelta hay una señal.
Búscala bien; sigue el camino del Dios y no el del hombre
Porque todos los caminos llevan a casa. El lugar elegido para ti solo por Dios.
Busca su sabiduría, guía y camino y seguramente llegarás a tu destino final:
Aquel elegido solo para ti.

Mona

---

[28]   Luci Swindoll, *You Bring the Confetti, God Bring the Joy.* Nashville: Thomas Nelson, 1997

CAPÍTULO 9

Conclusión

Mi Regalo a Dios

Al llegar al final de mi viaje de fe del El Desierto de Curación: En las Arenas del Tiempo, deseo compartir con todos mis lectores, que el viaje para finalizar este libro no ha sido fácil. Los obstáculos que me encontré fueron muchos y estuve tentada a no terminarlos, sin embargo supe que cuando deseamos glorificar a Dios en nuestras vidas y agradecerle las grandes cosas que ha hecho por nosotros, el camino se torna accidentado con obstáculos y alegrías.

El deseo de revelar las grandezas de nuestro Padre en el cielo viene con una responsabilidad, pero como proclamé que nada era demasiado cuando mi Dios me lo pedía, tampoco este libro fue demasiado, a pesar de los retrasos e interrupciones. Muchos pensamientos me atormentaban sobre por qué debería escribir este libro, pero mantuve mi corazón firme en Dios y bloqueé cualquier pensamiento humano.

Durante todo el tiempo mientras lo escribía, tuve que poner en práctica la fe que proclamo en este libro, desde decidir escribirlo, elegir a mi editor, hasta decidir que empresa lo publicaría y pedir ayuda cuando lo necesitaba.

No pude haber terminado este libro sin los rezos de apoyo de aquellos que elegí me tuvieran en su oraciones: Bien hecho, mis buenos y fieles administradores; unidos podemos lograr lo que Dios nos encomendó. Gracias.

Si una pluma inspirada se pone sobre papel, con mucho miedo e incertidumbre, se convierte en una realidad.

No Ha Terminado

Se que mi viaje de fe continúa, nuevos capítulos se presentarán y al continuar consultando al Todopoderoso sobre la labor que todavía tiene para mi, veo Su mano liderarme hacia donde muchos no irían o tendrían miedo de caminar.

Mi nieta Elizabeth Ann (a quien nombramos por Elizabeth Anne Seaton), ha sido la inspiración y el nuevo llamado de Dios para mi.

Tiene un discapacidad física y no le es posible tener los servicios necesarios para desarrollar al máximo su habilidades, solo porque no existe una clínica de cuidados especiales en el país.

Se que un día Dios la va a sanar y será testigo de su gloria, como lo hemos sido mi hija Rhonda y yo y seguiremos proclamando los milagros que el Señor a hecho alrededor nuestro:

Algunos nunca caminarán,
Tal vez nunca hablen,
O sean autosuficientes o cuenten su historia,
Nuestros corazones piden ayuda para ellos.
Los padres no tienen a que aferrarse, viven en constante agitación,
Su energía está desgastada, sus corazones llenos de pesadez.
Nosotros podemos hacer la diferencia.

Dios me llama para hacer la diferencia y con fe me dispongo a cumplir con el llamado que Él ahora me hace.

Al recibir la aprobación de la editorial, de repente sentí calidez en mi corazón y el parcial desahogo financiero que me permitía hacer este sueño realidad.

Todos los fondos provenientes de este libro se invertirán en la construcción de esta clínica de cuidados especiales; les pido a mis lectores recen para que se abran todas las puertas y ventanas para que pueda entrar el poder del Espíritu Santo.

El viaje continúa.

Dios los bendiga a todos.

Mona

Bibliografía

1. Henri J. M. Nouwen, *The Inner Voice of Love*. New York: First Image Books Doubleday, 1998.
2. Carlo Carretto, *The Desert and Beyond (a compilation of three books: Letters from the Desert, In Search of the Beyond, and Love Is for the Living)*. London: Darton, Longman & Todd, 1987.
3. Carlo Carretto, Letters from the Desert Father. 2nd ed. Maryknoll, NY: Orbis Books, 1990.
4. Carlo Carretto, *Why Oh Lord? The Inner Meaning of Suffering*. Maryknoll, NY: Orbis Books, 1986.
5. Ruth Burrows, *Interior Castle Explored: St. Teresa's Teaching on the Life of Deep Union with God*. New York: Paulist Press, 2007.
6. Thomas Merton, *The Seven Storey Mountain*. Orlando, FL: Harcourt Brace, 1999.
7. Thomas Merton, *Soul Searching*. Collegeville, MN: Liturgical Press, 2008.
8. Brian Kolodejchuk, *Come Be My Light: Mother Teresa*. New York: Doubleday Religious Publishing Group, 2007.
9. Mother Teresa, *Where There Is Love, There Is God: A Path to Closer Union with God and Greater Love for Others*. New York: Doubleday Religious Publishing Group, 2010.
10. Ana Ganza, *A Journey of Hope—Authorized by Mother Teresa*. Angel Publishing, 2012.
11. Christian D. Larson, *Your Forces and how to Use Them*. 1st ed. Chicago: The Progress Co. 1912.
12. Mother Teresa, *Jesus Is My All in All: Praying with the Saint of Calcutta*. New York: Doubleday, 2008.
13. Mother Teresa, *The Joy in Loving: A Guide to Daily Living*. New York: Penguin Compass, 2000.
14. Henri J. M. Nouwen, *Here and Now: Living in the Spirit*. New York: Crossroad Publishing Company, 1994.
15. Glyn Evans, *God's Perfect Plan for Us*.
16. Henri J. M. Nouwen, *The Wounded Healer: Ministry in Contemporary Society*. London: Darton, Longman & Todd, 1994.

17. John Beevers, *The Autobiography of St. Therese: The Story of a Soul*. New York: First Image Books Doubleday, 1987.

18. Thomas Merton, *I Have Seen What I Was Looking For*. Hyde Park: New City Press, 2005.

19. Theo H. Zweerman, Edith van den Goorbergh, *Saint Francis of Assisi: A Guide for Our Times*. Leuven, Belgium: Peeters, 2007

20. Anne Morrow Lindbergh, *Gift from the Sea*. New York: Pantheon, 1991

21. Martin Buber, *I and Thou*. Eastford, CT: Martino Fine Books, 2010

22. Marie Shropshire, *In Touch with God: How God Speaks to a Prayerful Heart*. Eugene, OR: Harvest House Publishers, 2005.

23. Theodore Roethke, *The Waking: Poems 1933-1953*. New York: Doubleday, 1953.

24. Jonathan Edwards, *A Treatise Concerning Religious Affections*. New York: Cosimo Classics, 2007.

25. Sara Teasdale, *Love Songs*. Charleston, SC: Forgotten Books, 2012

26. Lao Tzu, *Tao Te Ching*. 1ˢᵗ ed. Boston, MA: Shambhala, 2007

27. Francis Frangipane, *http://www.frangipane.org/*

28. Kahlil Gibran, *The Prophet*. Hertfordshire: Wordsworth Editions, 1997.

29. Helen Steiner Rice, *Loving promises: especially for you*. Grand Rapids, Mchigan: F. H. Revell Co., 1975.

30. Todd von Kampen, *Meditations on Scriptures—16ᵗʰ Sunday in Ordinary Time (Year A), 7/16-17/11*. Yonkers, New York: Magnificat magazine, July 16, 2011.

31. Faith Magazine High Tea, *Quantum of Faith: A divine gift of Infinite Grace*. Meyersdal Eco Estate Conference Centre, April 21, 2012.

32. Father Reginald Garrigou-Lagrange, *Sharing the Emmaus Grace*. Yonkers, New York: Magnificat magazine, April 2012.

33. Charles De Foucauld, Robert Ellsberg, *Charles De Foucauld: Writings*. Maryknoll, NY: Orbis Books, 1999.

34. E. Stopp, *St. Francis de Sales: Selected Letters*. 1ˢᵗ ed. London: Faber & Faber, 1960.

35. Luci Swindoll, You Bring the Confetti, God Brings the Joy. Nashville: Thomas Nelson, 1997.

Acerca de la Autora

Mona Hadeed es un miembro activo de la parroquia de la Iglesia Católica Romana de St Finbar's, así como un madre devota de tres hijos y abuela de seis. Nacida y criada en la isla caribeña de Trinidad, fue un instrumento clave en el inicio de la Adoración Eucarística en su comunidad en 1996. En 2013 fue parte del comité que lanzó la construcción de la capilla le la Perpetua Adoración en su parroquia de St Finbar's.

Por más de veinticinco años, fue líder del Grupo de Oración La Santa Familia, todavía activo al día de hoy. Es una escritora que ha contestado el llamado de Dios para difundir su mensaje de amor y fe.

Ha participado en numerosos peregrinajes a Tierra Santa, así como a muchas capilla Marianas alrededor del mundo, tales como Fátima, Lourdes, Medjugorje y Betania. De estos peregrinajes ha obtenido la introspección y sanación espirituales, así como el fortalecimiento de su fe por su camino por la vida.[29]

---

[29] Fotografía de Gary Jordan